Collana MiniMix
2

Georges Palante

LA MENTALITÀ DEL RIBELLE

Pieffe Edizioni

Copyright

Pieffe Edizioni / Independently published

© 2018; 2020 Fabrizio Pinna

First published

I edizione e-Book: maggio 2018 / May, 2018

ISBN: 978-88-99508-13-5 (ebk)

I Edizione a stampa: gennaio 2020

ISBN: 9781650364186

Collana / Series: MiniMix, n. 2

a cura di Fabrizio Pinna (Edited by):

Traduzione, Postfazione, cura e progetto grafico

TITOLO / TITLE: *La mentalità del ribelle*

Autore / Author: Georges Palante (1862-1925)

Altri autori / Other Authors: Louis Prat (1861-1942); Benjamin De Casseres (1873-1945)

Pieffe Edizioni

Sede legale: via Gramsci 5 - 17031 Albenga (SV) - Italy

pieffe.edizioni@albengacorsara.it

https://www.albengacorsara.it – http://www.pieffedizioni.eu

For the pleasure of reading, follow us:

S/Composizioni in Rivista: http://www.rivistascomposizioni.eu

Short Stories / L'arte del racconto (The Art Of The Short Story: A Corsara Anthology. Literary Texts in English and Other Western Languages): http://www.shortstories.eu

INDICE

La mentalità del ribelle

Ci sono dei sentimenti che si chiamano antisociali sebbene siano un frutto naturale della vita sociale e giochino un ruolo senza dubbio necessario nella sua evoluzione. Scontento sociale, pessimismo sociale, a-moralismo, ribellione individualista o anarchica, tali sono questi sentimenti. Nell'ora presente, essi sembrano essere in recrudescenza. In basso si agitano nell'anima oscura delle folle; in alto si affermano nei pensatori di avanguardia come una chiara volontà di ribellione e di negazione.

Le cause esteriori e sociali che determinano in un dato momento lo schiudersi o la recrudescenza delle energie di ribellione sono variabili. Esse cambiano con i tempi, i luoghi, il grado dell'evoluzione sociale. È compito dello storico studiarli, non dello psicologo. Lasciando da parte queste cause, ci atterremo alla forma della mentalità che esse suscitano o favoriscono.

Diciamo innanzitutto una parola sul tipo psicologico che è l'antitesi del ribelle; voglio dire il soddisfatto, l'ottimista sociale.

Questo tipo forma generalmente il fondo del gregge umano. Esso è l'espressione del bisogno di ottimismo inerente a ogni gruppo. Formando le medie, è mediocre come esse. Il tratto che lo definisce meglio è l'equilibrio nella mediocrità. Il soddisfatto è un essere senza imperiosa volontà di potenza, senza grandi bisogni, senza grandi desideri, senza alcun rilievo intellettuale, emotivo o passionale. Grazie a questo equilibrio, il soddisfatto ignora gli urti intimi della sensibilità e del pensiero; non è più esposto a ricevere dal suo ambiente delle contraddizioni troppo violente.

Emotività ottusa, bisogni ideali poco esigenti, immaginazione debole o lenta, intelligenza pecoresca, ecco, nei tratti generali, l'apporto psicologico del soddisfatto. Se in questa fortunata mediocrità nativa qualche velleità di iniziativa accennasse a sorgere, è il ruolo delle pedagogie soffocarla. Le pedagogie sono tutte ottimiste. Esse formano delle anime di soddisfatti. I moralisti ufficiali intonano infaticabilmente l'osanna ottimista. La virtù per loro consiste sempre nel procurare la felicità del gran numero o, cosa che è più facile, di far credere a questo più gran numero che è felice. Importa che il soddisfatto non smetta di esserlo. Anche la società dissemina sul suo cammino, con dei piccoli calcoli ben attenti, ogni sorta di piccole felicità, di piccole soddisfazioni d'amor proprio, di sonaglini di vanità, il cui ruolo è quello di soffocare l'impressione di inganno che la commedia sociale non manca di produrre, alla lunga, anche sugli spiriti poco perspicaci.

La mentalità professionale è qui un fattore da considerare. Essa esercita in un senso ottimista la sua azione deformante sulle coscienze individuali. Questa azione, che Ferrero ha descritto sotto il nome di arresto ideo-emozionale professionale, ha degli effetti ben conosciuti. Dei pregiudizi, delle menzogne di gruppo, delle parole d'ordine di corpo, di casta o di cappella che dapprima erano parse grottesche, sono poco a poco tollerate, accettate, sposate e calorosamente difese. Il rispetto delle puerilità è un grande elemento di felicità sociale. Senza ciò che Stendhal chiama la mania rispettante, molti troverebbero senza dubbio la vita intollerabile.

Socialmente l'attitudine del soddisfatto è profittevole. Il soddisfatto è un essere sottomesso, un buon animale da gregge. È anche ricompensato dalla benevolenza dei suoi capi, dall'amabilità del suo entourage.

Mentre il frondista, il pessimista, l'insubordinato sono malvisti e male additati, il Soddisfatto pascola in pace sotto l'occhio intenerito del suo pastore.

Strana cosa! Il sentimento più caratteristico del soddisfatto è forse la paura. Così come è un obbediente, il soddisfatto è un inquieto. Non si tratta, ben inteso, di quelle generose inquietudini d'anima che sono negli energici un prurito d'azione, un flusso fremente di vita sovrabbondante.

L'inquietudine del soddisfatto è quella degli umili, così ben descritta da Ribot nel suo studio sulle *Forme del carattere*: «Come la lepre di La Fontaine, essi vivono nell'inquietudine perpetua. Temono per se stessi, per la loro famiglia, per il loro piccolo posto o il loro piccolo commercio, per il presente, per l'avvenire». Il soddisfatto si trova bene nella sua posizione e non vuole cambiare. Aborre l'attitudine dello scontento, il gesto di tutti coloro che vogliono cambiare qualche cosa di posto. Nella pace della sua beata ignavia, teme ogni cambiamento che gli chiederebbe un'iniziativa, che sconcerterebbe le sue routine e le sue pigrizie.

Del resto, nei Soddisfatti nessuna chiaroveggenza, nessuno sguardo intuitivo sui fili che fanno muovere la piccola fantasmagoria sociale. Questa intellettualità è semplicista. È quella che Carlyle ha notato nella sua divertente figura del conte di Zadharm, il quale trovava che veramente, eccetto l'estirpazione del giornalismo, c'era poco da desiderare nel mondo (1). «Le sue occupazioni – aggiunge Carlyle – erano quelle di un proprietario fondiario, poteva avere numerose facoltà che, superflue per un tale uso, furono poco sviluppate in lui». Ugualmente il soddisfatto non ha bisogno di chiaroveggenza, perché ripone volentieri negli altri la cura di guidarlo. Se non è ad altre persone che affida il suo destino, è agli usi ammessi, ai sentito dire, agli aforismi della comune saggezza che hanno

per lui forza di legge e dei quali la sua intellettualità
non è che l'incolore e inoffensivo riflesso.

LA MENTALITÀ DEL RIBELLE

I tratti di questa mentalità fanno risaltare quella del ribelle. Non è che non si incontrino anche in quest'ultima categoria delle intelligenze pecoresche. La categoria dei ribelli è troppo numerosa perché non occorra distinguere le due specie che si ritrovano dappertutto nei raggruppamenti umani: gli Attivi e i Passivi, gli Energetici e gli Energumeni. Spesso la pecora rabbiosa non resta meno pecora. Essa imita nella rivolta come altri imitano nella sottomissione. Le sue parole di rivolta sono apprese. Il suo gesto omicida gli è suggerito. Non è che un suggestionabile, un impulsivo di un genere speciale. Come dice da qualche parte Remy de Gourmont, «egli oscilla fra la demenza verbale e la demenza attiva» (2). Ma a lato del ribelle per imitazione e per suggestione c'è il ribelle per istinto, per temperamento, per personale volontà di vita.

Tutto è soggettivo nelle nostre valutazioni sociali. Come dice ancora Remy de Gourmont, «non c'è stato reale di felicità o di infelicità sociale; ci sono delle rappresentazioni di uno stato sociale realmente inconoscibile» (3). Il mondo sociale viene a dipingersi rapidamente sul fondo di ogni coscienza, ma non si dipinge in modo uniforme. Fra la realtà sociale e l'impressione provata da ogni coscienza si interpone la sensibilità e l'intelligenza di ciascuno. Ogni intelligenza ha ciò che si potrebbe chiamare il suo indice di rifrazione sociale. Essa devia e rifrange a modo suo i raggi che gli arrivano dal di fuori.

Il valore e l'interesse di questa rappresentazione intellettuale del mondo sociale varia con la potenza e la cultura degli spiriti. C'è una rappresentazione sociale di un Balzac, di uno Stendhal, di un Renan o di un Taine; c'è anche quella di un signor Homais. C'è quella dolce di un mistico tale come San Francesco d'Assisi; c'è anche quella di un feroce apostolo della distruzione universale, di un Bakunin per esempio.

SPIRITO DISSOCIATIVO E VERITÀ SOCIALI

Il tratto che innanzitutto sembra caratterizzare il temperamento intellettuale del ribelle è la predominanza in questo genere di spiriti della facoltà dissociativa. Bisogna qui ricordarsi l'idea che ha messo in luce Remy de Gourmont. Le verità, le verità sociali soprattutto, non sono mai semplici. Che esse siano la sintesi di più idee astratte (per esempio la divisa repubblicana: libertà, eguaglianza, fraternità) o la sintesi di un'idea astratta e di elementi concreti (passioni, interessi di persone o di gruppi), le verità sociali non rappresentano mai un'essenza logica indecomponibile, ma una mistura, un mosaico di elementi la maggior parte delle volte inconciliabili. Il caso più frequente è quello dove l'idea invece di restare allo stato astratto è adulterata da elementi avventizi (interessi, pregiudizi). Da lì viene che queste verità sociali ospitano il loro nemico e portano in sé la loro stessa contraddizione. Per vedere svanire queste verità è sufficiente sottometterle all'analisi dissociativa che le risolve nei loro [singoli] elementi.

Non solamente le verità sociali si contraddicono fra di loro (non c'è forse un proverbio che non abbia il suo contrario), non solamente una stessa verità sociale può accostare degli ideali contraddittori (per esempio, libertà ed eguaglianza), ma ognuna di esse è contraddetta dall'elemento contingente che gli si è accidentalmente associato (per esempio, l'idea di Giustizia astratta nello spirito degli operai imbianchini che la traducono con questa formula: «Abbasso il ripolin»).

La contraddizione forma così la stoffa del pensiero sociale. La maggior parte degli uomini non è affatto scioccata da queste contraddizioni. La loro logica è poco esigente. Una formazione speciale ha insegnato loro a indignarsi dell'assurdo nel terreno religioso, ma essi si accordano a meraviglia con l'assurdo nelle formule politiche e sociali.

Altri spiriti sono meno facili. Essi si divertono a fare sdegnosamente a pezzi la stoffa multicolore e rappezzata della saggezza sociale. Questa operazione del resto non scandalizza gli adepti del senso comune. Essi non la comprendono. A dispetto delle dissociazioni di idee operate dai distruttori di verità, Monsieur Prudhomme continua a felicitarsi di essere in possesso di una dottrina morale e sociale di tutto riposo, cucinata a suo uso da dei sociologi da studiolo e dai moralisti ufficiali.

L'IMMAGINAZIONE MOBILE E OSCILLANTE

La potenza dissociativa dello spirito presuppone la predominanza di questa forma speciale di associazione che si chiama in psicologia associazione per contrasto. L'intelligenza pecoresca del soddisfatto non insorge mai contro ciò che gli danno come verità; egli la ripete senza gradazione personale, senza perdita né addizione. La sua mentalità ricorda quella dell'idemista Poiret, questo personaggio di Balzac che «non diceva niente, nel parlare, ragionando o rispondendo, perché aveva l'abitudine di ripetere in altri termini ciò che gli altri dicevano». In altri, al contrario, una verità sociale appena emessa evoca di conseguenza la possibilità dell'affermazione opposta. In loro l'idea della possibilità dei contrari è sempre presente. Nell'uomo ordinario, questo si chiama spirito di contraddizione e degenera in fastidiosa mania. Nell'uomo superiore è un fecondo risveglio dello spirito che sfugge alla monotonia delle ripetizioni sociali e si slancia liberamente nel campo delle contingenze. L'associazione per contrasto dà luogo a un tipo di immaginazione particolarmente attivo, perché seguendo il rilievo di Ribot, «l'immaginazione, come la sensibilità, si muove fra i contrari con una estrema rapidità».

Questa forma di immaginazione mobile e oscillante è la forma più curiosa di ciò che Ribot chiama l'Immaginazione sociale. Nei grandi ribelli questa immaginazione si appaga in una lussureggiante efflorescenza di visioni e di simboli sociali, e di inedite esegesi della società e della vita. Talvolta questa immaginazione procede per analogia. Tanto l'idemismo è sterile, quanto l'analogia è creatrice. Essa fa scoprire l'imprevisto accostando dei fatti o delle idee che rovinano le tradizionali seriazioni dei valori. Questo procedimento è visibile ad ogni istante in Nietzsche. Altre volte l'immaginazione sociale procede per irraggiamento. Qui essa è spesso vivificata dalla passione. Un colpo, un urto sociale doloroso, un contatto con qualche dura realtà sociale diviene per i sentimenti e le immagini un centro di attrazione dove esse si irraggiano poi in fasci viventi. Questa è l'immaginazione che Ribot designa sotto il nome di «costellazione» e che rassomiglia a ciò che Stendhal ha descritto sotto il nome famoso di cristallizzazione.

L'immaginazione sociale cristallizza in brutto come altre volte cristallizza in bello. Nel pessimista sociale e nel ribelle il mondo sociale prende una tinta oscura e sinistra, riveste delle forme grottescamente odiose, appare sotto qualche fantastico e spaventoso simbolo tale come quello che Heinrich Heine ha descritto nel suo *Affrontenburg*. «È il vecchio castello con le sue cripte e le sue torri, con i suoi ospiti sinistri... I più accorti conservano sempre prudentemente il silenzio. C'era là un eco che, ripetendo le parole, le falsificava tutte pesantemente. No, in verità non c'è un solo albero all'ombra del quale io non abbia subito degli oltraggi, a volte da una bocca delicata e a volte da una bocca grossolana» (4). Tale è anche la spaventosa visione di Nietzsche dell'«officina dove si fabbrica l'Ideale». La società appare allora come un bagno penale, un giardino dei supplizi, un incontro di vipere e mentitori, un formicolio di ipocrisie e di viltà.

Il ribelle è, seguendo l'espressione di Nietzsche, uno spirito «non storico». Ciò che caratterizza il soddisfatto, l'ottimista sociale, è l'asservimento alla realtà sociale data, è l'eccesso del senso storico. L'uomo volgare non ha che un sentimento molto oscuro della contingenza fondamentale dei fatti sociali; egli crede volentieri alla necessità, alla razionalità, alla legittimità di ciò che è abituale, di ciò che è consacrato dall'uso e dalla tradizione. Egli non dubita dell'enorme parte di accidentale, di fortuito, di convenzionale, di artificiale e di trompe-l'œil che entra nella composizione di un qualsiasi stato sociale. Egli non dubita di quelle possibilità ambigue che lui, debole e inerte, non sa utilizzare, ma che altri, di volontà conquistatrice, sanno padroneggiare e asservire ai loro fini. Egli crede a una logica sociale superiore – che egli nomina Provvidenza – e alla quale bisogna rassegnarsi. Al contrario il ribelle ha un vivo sentimento delle contingenze sociali. Egli reagisce contro l'eccesso di storicismo, contro la genuflessione davanti al fatto, davanti alla pretesa Logica storica.

Per lui la verità sociale non è qualcosa di già fatto, d'immobile, sul quale noi non abbiamo presa. C'è una verità in divenire, una verità incerta e sfuggente come la Vita. Essa dipende da noi e, in un certo senso, è opeta nostra, nostro atto e nostro gesto. Il ribelle in grande stile è uno spirito non storico che si getta con un balzo in un mondo ignoto. Tale è Nietzsche con il suo sdegno per i pedanti dello storicismo.

DUE TIPI DI RIBELLE: IL REATTIVO E L'AGGRESSIVO/SPONTANEO

Il ribelle ha il suo concetto speciale della Verità. La sua verità è una verità tutta penetrata di vita, tutta fremente di energia e di azione. Del resto, Azione, Energia: ecco il fondo del ribelle. In ogni ribelle c'è un dissociatore di verità tradizionali; c'è un immaginativo e un intuitivo che scarta, ridendosene, il velo delle menzogne sociali; ma c'è soprattutto un energico, un combattivo. Avendo l'energia due forme, reattiva e attiva, occorre qui distinguere con Nietzsche due tipi di ribelle: il ribelle reattivo, il ribelle per rancore e rappresaglia, colui che Nietzsche chiama l'uomo del risentimento; e il ribelle di tipo aggressivo e spontaneo, colui nel quale l'energia è vergine di ogni attentato, l'uomo forte che non ha sofferto il male, che non ha bisogno di vendetta e che pertanto si indirizza contro l'ordine sociale esistente per semplice desiderio di dare luogo a delle forme nuove di vita, di far trionfare un ideale, vale a dire il riflesso ingrandito di una personalità.

Quest'ultimo rappresenta una forma superiore di

energia. È il ribelle in grande stile; l'alta ed estetica volontà di vita che ignora le passioni basse e rancorose caratteristiche della ribellione degli schiavi.

«Lo stesso risentimento dell'uomo nobile – ha detto Nietzsche –, quando si manifesta in lui, arriva al massimo e si esaurisce in una reazione istantanea; è per questo che non avvelena; inoltre in numerosi casi il risentimento non compare affatto, mentre nei deboli e negli impotenti esso è inevitabile. Non poter prendere a lungo sul serio i propri nemici, le proprie infelicità e persino i propri misfatti, è il segno caratteristico delle nature forti, che si trovano nella pienezza del loro sviluppo e che possiedono una sovrabbondanza di forza plastica, rigenerante e curativa che arriva sino all'oblio. Un buon esempio, preso dal mondo moderno, è Mirabeau, il quale non aveva memoria per gli insulti, per le infamie che si commettevano nei suoi riguardi e che non poteva perdonare unicamente perché le dimenticava» (5).

Nel ribelle reattivo domina questa immaginazione pessimista che noi abbiamo descritto; nel ribelle del secondo tipo, è un'immaginazione serena, armoniosa e creatrice. Qui il ribelle si confonde con il creatore di valori sociali, l'instauratore di una verità e di una giustizia nuove. Se si vogliono fare qui dei nomi, si potrebbe dire forse che un Rousseau, un Bakunin, rappresentano il tipo del ribelle reattivo (si ricordi qui ciò che c'è di passionale e, nel fondo, di rancoroso nel genio di Rousseau). Un Carlyle, un Tolstoj, un Nietzsche, rappresenterebbero il ribelle energico e creatore. Forse occorre distinguere un tipo misto, ad un tempo reattivo e attivo, distruttore e creatore. Un Proudhon, un Ibsen, rappresenterebbero forse molto bene quest'ultima attitudine.

Occorre ora qualche parola per distinguere l'attitudine del ribelle da alcune attitudini vicine: innanzitutto dal pessimismo sociale. Molto vicino al ribelle, il pessimista sociale tuttavia se ne distingue. Il pessimista sociale assoluto arriva alla negazione di ogni azione e di ogni vita sociale nella quale egli vede la manifestazione super-acuita – spaventosa e diabolica fra tutte – del cieco voler-vivere universale. Nel ribelle, anche nel ribelle d'ordine reattivo, la volontà di vita si afferma, perlomeno come energia di protesta e di odio. Nel pessimista, il voler-vivere si ritira dalla scena del mondo. Il principio di questa attitudine sembra essere una sensibilità fine e viva, presto lacerata a contatto con le brutture sociali; talvolta anche un orgoglio irritabile, come forse fu il caso di Challemel-Lacour. In ogni caso, il pessimismo sociale, in opposizione all'istinto di ribellione che è volontà di vita, è essenzialmente ascetismo.

Ascetismo è anche l'attitudine di colui che noi chiameremo l'anarchico pratico. È colui che circoscrive alla sua esistenza personale i suoi sentimenti di ribellione antisociale e che sdegna di fare uno sforzo per farli condividere dagli altri. Remy de Gourmont ha molto finemente tratteggiato questo tipo: «L'anarchico – dice – è colui che ogni volta che lo può fare senza danno, si spoglia senza scrupolo delle leggi e di tutti gli obblighi sociali. Egli nega e distrugge l'autorità in ciò che lo concerne personalmente; egli si rende libero, per quanto un uomo può essere libero nelle nostre società complicate. Al di là di questo tipo, c'è l'anarchico che vuole imporre agli altri uomini il suo proprio odio per ogni obbedienza» (6).

Ascetismo è anche quell'attitudine di pensiero che si potrebbe chiamare Estetismo o Dilettantismo sociale. Per noi il dilettantismo sociale è una varietà del pessimismo sociale; è un pessimismo sociale estetico. Il dilettante sociale percepisce il mondo sociale come un fenomeno di bellezza o di bruttezza – soprattutto di bruttezza – e prende partito di non attribuire a questo fenomeno di bruttezza nient'altro che un valore fantasmatico, simile a quello di un incubo popolato da visioni sogghignanti.

Abbiamo detto all'inizio di questo articolo che qui

consideriamo la psicologia del ribelle senza occuparci delle circostanze esteriori e sociali dove si manifestano i sentimenti antisociali.

Tuttavia c'è qui posto per notare che la nostra società attuale – perfetto esemplare della mediocrazia nella villania – offre all'esteta sociale un tema particolarmente curioso di contemplazione. La nostra organizzazione sociale attuale, con le sue oligarchie e le sue burocrazie ipocrite, con i suoi procedimenti di schiacciamento sistematico dell'isolato, con le sue offerte prime alla mediocrità, alla bassezza, al servilismo, col suo odio per ogni indipendenza di spirito, con il suo incoraggiamento allo spionaggio, alla delazione, alla calunnia gregaria, a tutte le viltà di gruppo e a tutti i crimini di gruppo, è una delle forme di vita più proprie a suscitare nelle anime il disprezzo estetico, il disprezzo liberatore per eccellenza fra tutti i disprezzi.

Anche l'immoralismo è un'attitudine di pensiero che merita di essere segnalata. Questa attitudine, che è l'attitudine nietzschiana per eccellenza, fra di noi viene al momento giusto. Essa è una reazione contro il moralismo piccolo-borghese, contro il doverismo ipocrita e puntiglioso dei giardinieri corretti che coltivano in tiepida serra la pianta stentata della virtù borghese. L'Immoralista rimpiazza gli imperativi kantiani e altri con una genealogia della morale al modo di Nietzsche e arriva a non vedere in essa se non un'invenzione dei deboli e dei mediocri per prendere la loro rivincita sugli intelligenti e i forti. Per l'immoralista la pianta della morale sboccia più in laidezza che in bellezza. Spinta sul suolo fangoso del voler-vivere sociale, i suoi rami sono gonfi dei succhi velenosi dell'ipocrisia sociale e la sua ombra è mortale per le Energie sane e vivaci. Da questo punto di vista il moralismo e il doverismo cari ai piccolo-borghesi dell'intelligenza rappresentano questi bassifondi dei quali parla Heinrich Heine, «dove vengono ad arenarsi i vascelli che arrivano dalle contrade lontane».

L'immoralista è volentieri un ironista. Al riso vile e imbecille delle folle, l'ironista oppone il suo riso a sé, il riso astratto, il gran riso muto di Amleto, il riso irriverente e insultante per eccellenza verso i bassi egoismi untuosi eretti in dogmi dai pontefici. È il riso di Swift e di Heine, sovranamente sgradevole al filisteo che se ne vendica dicendo che quella gente là non ha del «carattere».

Il pessimismo sociale, il dilettantismo sociale, l'ironismo e l'immoralismo sono le varietà di un tipo curioso di scontento che Nietzsche ha notato e analizzato sotto il nome di scontento femminino. È un tipo di pensiero molto delicato e ad un tempo molto profondo, molto sfumato, molto mobile, tenace e fugace; anche molto temibile, molto attivo nel fondo e implacabile nella sua inquieta ribellione. «Gli scontenti deboli e in qualche modo femminini – ha detto Nietzsche – sono i più inventivi nel rendere la vita più bella e più profonda... le pretese degli scontenti forti sono troppo grossolane e in somma troppo modeste perché non si arrivi a farle stare tranquille».

EVOLUZIONE STORICA: EPIGONI DI SCHOPENHAUER E DARWIN, CONTRO GLI OTTIMISTI SOCIALI

Qual è il ruolo dell'istinto di ribellione nell'evoluzione sociale?

L'istinto di ribellione è ad un tempo una forma dell'istinto vitale e dell'istinto di conoscenza. Esso stabilisce fra di loro, nel corso dell'evoluzione storica, un compromesso misterioso.

L'istinto vitale, cieco e senza scopo, è nel fondo di tutte le metamorfosi del fenomeno Società. È a torto che gli ottimisti sociali hanno posto la Perfezione a volte all'inizio, a volte al termine dell'evoluzione sociale. Per noi, epigoni di Schopenhauer e di Darwin, queste due forme dell'ottimismo sociale sono egualmente inaccettabili. Noi non mettiamo la perfezione né indietro né in avanti. Noi non vediamo nell'evoluzione storica se non la fioritura fatale, formidabile, magnifica e tragica della vita.

La storia è la strada dove l'umanità persegue la sua marcia inquieta; l'origine e il termine di questo viaggio si perdono fra le nubi. Su questa strada, il voler-vivere sociale cerca infaticabilmente di superare se stesso, di andare sempre al di là di ciò che è e di ciò che vuole. A volte questa corsa rallenta, a volte accelera sino alla frenesia. Ci sono delle civiltà che hanno la marcia lenta e insensibile dei ghiacciai; al contrario, le nostre civiltà occidentali richiamano talvolta nelle loro rivoluzioni la caduta brusca delle valanghe o la cruda perdita delle acque di un fiume al momento del tracollo dei ghiacci.

Nel divenire sociale i dogmi religiosi, sociali e morali sono un principio d'arresto e d'immobilità. Sono delle dighe che l'Istinto vitale edifica a suo uso per innalzare il proprio livello e, dopo un momento d'arresto, riprendere con un balzo irresistibile la sua marcia in avanti. Sono i ribelli, i distruttori di dogmi, che rompono le dighe e che mettono in libertà le acque catturate e frementi. È così che l'istinto di ribellione, sotto forma di Istinto di conoscenza, diviene un ausiliario misterioso dell'istinto vitale.

Da qui l'accoglienza che è inizialmente fatta al ribelle. Il nuovo raggio di luce proiettato dall'istinto di conoscenza sulla faccia oscura delle cose sconcerta le tradizioni, le routine e le pigrizie. Il ribelle è denigrato e disprezzato. È su di lui che cade la

maledizione pronunciata da Schiller nella Statua
Velata di Sais:

Weh dem, der zu der Warheit

geht durch Schuld.

[Guai a chi va verso la verità / passando per la colpa]

Secondo le visuali esposte da Jules de Gaultier, la rivelazione apportata al mondo dal ribelle non avrebbe influenza reale ed efficace sul corso delle cose. Essa non sarebbe che il riflesso e il simbolo di movimenti che si compiono nelle regioni profonde e inaccessibili della vita. «È il vizio degli ideologi ai quali si tende a fermasi, di credere che sia possibile reagire con la conoscenza sul movimento della vita» (7).

Altri pensatori, al contrario, pieni di fede ideologica nella potenza dell'idea, saranno disposti a vedere nel verbo del ribelle non un semplice riflesso, ma una delle forme, tanto reale e tanto efficace quanto le altre, dell'universale energia.

Lasciamo questa questione aperta. Essa è di quelle che toccano i misteri ultimi. Ugualmente, atto ed energia o simbolo e riflesso, il verbo di ribellione conserva agli occhi del sociologo lo stesso significato: quello di una brusca accelerazione del movimento della vita, di un balzo in avanti, di un salto non storico nell'avvenire.

È per questo che nell'attuale trionfo della banalità, «questa cattiva fata di qui», come la chiama un personaggio di Gorki, l'apparizione del ribelle merita di essere accolta con applausi da coloro il cui istinto del giocatore si appassiona per imprevisti domani. Perché questa apparizione segnala o presagisce qualche cambiamento in vista, qualche colpo di scena forse sensazionale nella fantasmagoria (*féerie*) della storia.

Note a *La mentalità del ribelle*

(1) Thomas Carlyle, *Sartor Resartus* [1831], libro II, cap. IV.

(2) [N.d.T.: vedi nota 6]

(3) Remy de Gourmont, *Epilogues*, «Mercure de France», septembre 1901 [NdT: il riferimento di Palante è a "En feuilletant des Encyclopédies", poi raccolto in Remy de Gourmont, Epilogues. Réflexions sur la vie. Deuxième série: 1899-1901, Parigi, Mercure de France, 1904, § 203].

(4) Heinrich Heine, *Il libro di Lazzaro* [1852].

(5) Nietzsche, *La genealogia della morale* [1887].

(6) Remy de Gourmont, *Epilogues*, «Mercure de France», ottobre 1901 [N.d.T.: la citazione di Palante si riferisce a "L'anarchie et le gouvernement", scritto apparso come rubrica nella rivista e poi raccolto in Remy de Gourmont, *Epilogues. Réflexions sur la vie*. Deuxième série: 1899-1901, Parigi, Mercure de France, 1904, § 205; se ne può leggere una traduzione in italiano in S-Scomposizioni in Rivista: https://www.rivistascomposizioni.eu/de-gourmont-lanarchia-e-i-governi-linesplicabile-comincia-dove-finisce-legoismo/].

(7) Jules de Gaultier, *De la nature des Vérites*, «Mercure de France», settembre 1901.

Due tipi di immoralismo

Quando si esamina un po' da vicino i pensatori generalmente considerati come immoralisti, si rileva che è possibile distinguere due modi di essere immoralisti.

Per fare questa distinzione, noi ci porremo dal punto di vista del modo in cui gli immoralisti hanno concepito l'influenza della morale sulla condotta umana.

Un primo modo di essere immoralisti consiste nel sostenere che questa influenza è molto debole, che essa è trascurabile o anche assolutamente nulla.

Un secondo modo di essere immoralisti consiste

nell'attribuire alla morale una forte presa sulle anime, un'influenza notevole sulla condotta e sulla vita, ma a sostenere nello stesso tempo che questa influenza è nefasta, tirannica e odiosa, a rivoltarsi contro di essa e a scuoterla furiosamente come un giogo insopportabile.

Nel primo caso si insiste sull'impotenza, sull'inanità, così come sull'irrealtà della morale; nel secondo si insiste sui suoi misfatti. Nel primo caso si tratta la morale con sdegno, come una quantità trascurabile; nel secondo la si tratta con l'esorcismo, come un demone potente e malefico che ossessiona e tormenta l'umanità.

È chiaro che questi due modi di intendere l'immoralismo sono fra di loro contraddittori, perché se la morale è impotente, indifferente e inoffensiva, è vano e ridicolo fulminare contro di essa.

Noi abbiamo cercato di caratterizzare questi due tipi di immoralismo, di vedere a quale sorta di sensibilità e di intellettualità esse corrispondono e anche quale verità relativa possono contenere.

La definizione che abbiamo dato dell'immoralismo del primo genere è una definizione molto generale e, di conseguenza, un poco vaga. Essa si preciserà con l'esposizione delle concezioni particolari rientranti sotto questa rubrica.

Il padre dell'immoralismo inteso nel primo senso è il filosofo francese Bayle che, nel 1682, nei suoi *Pensieri sulla Cometa* e nella *Critica generale della Storia del Calvinismo di padre Mainbourg*, sostiene questa tesi, ovvero che la morale non ha se non un'influenza insignificante sulla condotta dell'individuo, che quest'ultimo in fin dei conti fa sempre ciò che il suo temperamento gli comanda. Si trovano nel sommario dei *Pensieri diversi sulla Cometa* degli articoli come questo: "Non si deve giudicare della vita di un uomo né da ciò che egli crede, né da ciò che egli pubblica nei libri"...; "L'uomo non vive affatto secondo i suoi principi"...; o ancora questo qui: "Passioni mediocri facili da reprimere".

La morale non fa nulla quando essa non ha il temperamento per suo complice. Essa trionfa quando comanda la castità a un temperamento freddo. Bayle rileva da qualche parte che sant'Agostino professa una morale molto indulgente in ciò che concerne l'uso delle donne, tanto che egli conserva l'attitudine a gioirne. Quando l'età gli ha tolto il desiderio, egli si frena agilmente, senza l'aiuto della morale.

Fourier non prende la morale più seriamente. Nel suo libro "Teoria dei quattro movimenti" egli sostiene che i vizi sono i nostri unici moventi (*mobiles*) e che è impossibile distruggerli. «Ci sono voluti – secondo lui – lunghi secoli di degenerazione per stabilire la monogamia, regime così contrario all'interesse della gente vigorosa; e nessuno del resto si sottomette a questa legge dacché diviene tirannica». La morale, quando comanda alle passioni, è comparabile a quel capo barbaro al quale il re d'Inghilterra indirizzava questa questione: — «I vostri sudditi vi obbediscono di buon grado?»; — il capo rispose: «Perché no? Anche io ben obbedisco loro».

«La morale – del resto dice Fourier – s'inganna grandemente se crede di avere una qualche esistenza per sé sola; è evidentemente superflua e impotente nel meccanismo sociale, poiché in tutte le questioni dove essa forma il suo dominio, come il ladrocinio, l'adulterio, etc., sono sufficienti la politica e la religione per determinare ciò che è conveniente nell'ordine stabilito (1). Quanto alle riforme da intraprendere nei costumi, se la religione e la politica falliscono, la morale fallirà ancora di più. Cosa è nel corpus delle scienze se non la quinta ruota del carro, l'impotenza messa in azione? Ovunque essa combatta da sola contro un vizio, se ne è sicuri della sua disfatta; essa è comparabile a un cattivo reggimento che si lasciasse respingere in tutti gli scontri e che bisognerebbe spazzare via ignominiosamente» (2). La conclusione di Fourier è che una società intelligente cesserebbe di pagare dei professori di morale.

Si sa il caso che Stendhal fa della morale. Ne "Il Rosso e il Nero" e nei suoi altri romanzi fa sempre agire i suoi eroi e le sue eroine secondo il loro temperamento. In tutta la sua opera scorre come tema fondamentale quello che è stato chiamato il suo beylismo o teoria della virtù come timidezza.

Stendhal non manca un'occasione per ridicolizzare la morale e i mezzi pietosi che essa prende per convertire le anime. Quando Fabrizio è nella prigione della cittadella di Parma e si mettono davanti alla sua finestra degli enormi paralumi che non dovevano lasciare al detenuto se non la vista del cielo: «Lo fanno per la morale – gli dice il carceriere – al fine di aumentare una tristezza salutare e la voglia di correggersi nell'anima dei prigionieri».

Nella sua filosofia della storia fondata sull'idea di razza, il conte di Gobineau disprezza singolarmente il ruolo storico delle religioni e delle morali. Egli combatte questa fede vecchia quanto il mondo che consiste nel credere che i popoli non hanno altro scopo se non quello di realizzare delle idee morali. Nel suo Saggio sull'ineguaglianza delle razze egli non accorda alle diverse morali, alle religioni, ai dogmatismi sociali, che un'influenza insignificante sulla durata delle istituzioni. Egli sostiene che il fanatismo, il lusso, i cattivi costumi e l'irreligione non conducono necessariamente alla caduta delle società: che il cristianesimo non ha né creato né trasformato l'attitudine civilizzatrice. Lo spirito, l'intelligenza, la volontà variano secondo le razze, ma il ruolo dell'educazione resta sempre infinitesimale (3).

Il conte di Gobineau nutriva nei riguardi dei moralisti sdegni che richiamano quelli di Fourier. Si legge nell'introduzione delle *Novelle Asiatiche*:

«Tra gli uomini votati all'esame della natura
umana, soprattutto i moralisti si sono affrettati

44

a trarre delle conclusioni di bella apparenza;
essi si sono fermati là e, di conseguenza, si
perdono nelle frasi. Non ci si rende molto bene
conto di quello che vale un moralista, a cosa
serva, dal tempo che questa setta di parassiti
s'è presentata nel mondo; e le innumerevoli
censure che essa merita per l'inconsistenza del
suo punto di partenza, l'incoerenza dei suoi
rilievi, la leggerezza delle sue deduzioni,
avrebbero ben dovuto far classificare da secoli i
suoi adepti nel numero dei pretenziosi
petulanti che parlano per parlare e allineano
delle parole per sentirle dire. Nel novero dei
non-valori che si deve ai moralisti, non ce n'è
di più completi di questo assioma: «L'uomo è
dappertutto lo stesso». Questo assioma va di
pari con la pretesa di questi sedicenti pensatori
di riformare i torti dell'umanità, facendo
ammettere da questa i loro saggi consigli. Essi
non si sono mai domandati come potrebbero
riuscire a cambiare questo meccanismo umano
che crea, cresce, dirige, esalta le passioni e
determina i torti e i vizi, causa unica in
definitiva di ciò che si produce nell'anima e nel
corpo».

Remy de Gourmont fa anche lui il processo alla
morale. «Quale influenza può dunque avere sul

temperamento di una donna, sulla sua natura, sul suo carattere innato, un insegnamento filosofico? In che cosa delle frasi possono modificare un organismo? Le religioni più positive, le più categoriche, le più forti, non hanno mai avuto in alcun tempo né in alcun luogo un'influenza apprezzabile sul fondo dei costumi, e si vorrebbe che un corso di idealismo umanitario abbia la potenza di rendere per sempre invulnerabile la sensibilità femminile!» (4).

Maurice Barrès ne "Il Giardino di Berenice" oppone la morale libresca, scolastica e pseudoscientifica rappresentata dall'ingegnere Charles Martin, l'istinto sicuro, delicato e affascinante di Berenice. Importa notare che la tesi di Barrès non consiste nel respingere la morale della ragione ragionante come nociva o dannosa, ma piuttosto nel mostrarla vana e impotente nel modificare il senso profondo del nostro istinto. Nell'evocazione malinconica che termina il romanzo, Barrès fa parlare Berenice morta.

«È vero – dice al suo amico Filippo – che tu fosti un po' grossolano nel desiderare di sostituire la tua concezione dell'armonia alla logica della natura. Quando tu mi preferisti sposa di Charles Martin piuttosto che serva del mio istinto, tu cadesti nelle trappole dell'Avversario che vorrebbe sostituire alle nostre paludi piene di belle febbri qualche stagno di carpe. Smetti pertanto di tormentarti. Non è così facile che la tua vanità presupponga d'agire male. È improbabile che tu abbia sostituito le tue intenzioni al meccanismo della natura. Io sono rimasta identica a me stessa sotto una nuova forma; io non smetterò d'essere quella che non è soddisfatta... Piangerò nella solitudine, ma forse me ne sarei consolata: tu mi hai messo fra le braccia di Charles Martin perché io pianga ancora. Nel ragguaglio di una vita di ragazzina senza costumi, riconosci il tuo cuore e la storia dell'universo» (5).

La nota immoralista – cosa rimarchevole! – non è assente nemmeno dal cuore dei moralisti religiosi e laici. È un luogo comune fra i moralisti cristiani deplorare la forza delle passioni e la debolezza dei freni morali. Nella morale cristiana, la casuistica rappresenta la concessione forzata della morale, un adattamento dei comandamenti morali alle esigenze della nostra natura corrotta. Da lì il rimprovero che i moralisti rigidi hanno indirizzato alla morale dei gesuiti di essere una morale rilassata, vale a dire, in fondo, una morale immoralista.

In un recente studio intitolato "L'inquietudine della nostra morale", un pensatore contemporaneo nel quale non si può disconoscere un moralista, Maeterlinck, esprime il suo poco di fede circa il potere delle idee.

«A rigore – dice – l'umanità non ha bisogno di guida. Essa marcia un po' meno veloce ma anche quasi sicuramente per le notti che nessuno acclara... Essa è, per così dire, indipendente dalle idee che credono di condurla. Rimane curioso e facile da constatare che queste idee periodiche hanno sempre avuto poca influenza sulla somma del bene e del male che si fa nel mondo... Bisogna ricordare un esempio probante? Nel medioevo ci sono stati dei momenti in cui la fede era assoluta e si imponeva con una certezza che risponde esattamente alle nostre certezze scientifiche. Le ricompense promesse per il bene, così come le punizioni minacciate per il male, nel pensiero degli uomini di quel tempo erano, per così dire, tangibili. Tuttavia noi non vediamo che il livello del bene si sia elevato. Qualche santo si sacrificava per i suoi fratelli, portando certe virtù, scelte tra le più discutibili, fino all'eroismo, ma la massa degli uomini continuava a errare, a mentire, a fornicare, a rubare, a invidiarsi, a uccidersi. La media dei vizi non era inferiore a quella del presente»(6).

Molti dei romanzieri contemporanei hanno messo in luce, in fini analisi, ciò che c'è di instabile, di precario e, a dirla tutta, di irreale nella coscienza morale. È André Gide, il cui romanzo *L'Immoralista* è l'analisi di un caso curioso – patologico, hanno detto: ma è sicuro? – di una mutazione e come di un'inversione della coscienza morale sopravvenuta in un eroe in seguito a una malattia e un ritorno alla salute che stravolgono la sua psicologia.

«Nulla di più tragico, per chi ha creduto di morire, che una lenta convalescenza. Dopo che l'ala della morte lo ha toccato, ciò che sembrava importante non lo è più; altre cose lo sono, che non sembravano importanti, o che nemmeno sapeva esistessero. L'ammasso sul nostro spirito di tutte le conoscenze acquisite si screpola come fard e al suo posto lascia vedere a nudo la carne stessa, l'essere autentico che si nascondeva. Questo fu da allora colui che pretesi di scoprire. L'essere autentico, il "vecchio uomo", colui che non ne voleva più sapere del Vangelo, colui che tutti, attorno a me, libri, maestri, genitori, e che io stesso avevamo cercato di sopprimere»(7).

Tale è anche il romanziere norvegese Johan Bojer col suo strano romanzo "La potenza della Menzogna" dove è mirabilmente analizzato il lavoro di immaginazione secondo il quale i personaggi piegano i fatti ai loro sentimenti e fanno il male assicurandosi la pace di una buona coscienza.

Delle tali analisi psicologiche potrebbero servire d'illustrazione al bello studio di Georges Dumas sulle "Condizioni biologiche del rimorso" (8). Si vede come un'iniezione di caffeina sia sufficiente a cambiare il tono della coscienza morale di un individuo e ad abolire in lui scrupolo e rimorso. È permesso porsi con l'autore una questione che, del resto, non lo interessa se non dal punto di vista psicologico e che non pretende risolvere dal punto di vista etico:

«Lo stato di depressione e di affaticamento è favorevole allo schiudersi dei rimorsi... Allora tutti i pregiudizi sociali si riversano sull'anima in sconforto per sommergerla; essa li gira e rigira per cercare la sua pastura... Il rimorso è

dunque il segno che i pregiudizi sociali o, se si
preferisce, le nostre abitudini morali si sono
imposte sui nostri istinti, e producendosi
questa vittoria soprattutto durante i periodi di
depressione, si potrebbe, sembra, arrivare a
questa conclusione: che la vita sana è
naturalmente immorale, mentre la malattia, la
debolezza e la moralità si associano
naturalmente» (9).

IN COSA CONSISTE L'IMMORALISMO DELLA PRIMA SPECIE?

Le visioni che abbiamo finito di esporre sono sufficienti per farci vedere in che cosa consiste l'immoralismo della prima specie. Questo immoralismo, attraverso tutte le sfumature che comporta nei differenti pensatori, consiste nel constatare la fragilità, la caducità, l'inefficacia psicologica e sociale delle nostre morali; la loro azione molto limitata, se non anche del tutto nulla, sulla condotta e sulla vita.

Del resto sembra proprio che nel pensiero degli immoralisti che si è andati studiando si tratta unicamente della morale insegnata, della morale più o meno codificata e formulata, della morale corrente e respirata nell'ambiente circostante, della morale che ha l'approvazione del genere umano o di una frazione più o meno importante del genere umano. Ben sembra che, per la forza delle cose, l'istinto, il sentimento, in ciò che hanno di spontaneo siano fuori causa e che conservino agli stessi occhi dell'immoralista i loro diritti imprescrittibili come guide dell'uomo interiore.

Qual è ora l'idea che domina l'immoralismo? Ben sembra che questa sia ciò che si potrebbe chiamare l'idea irrazionalista. È l'idea e il sentimento che la vita sorpassa infinitamente in ricchezza, in varietà e in imprevisto le codificazioni della nostra morale.

Ciò che fa la debolezza di questa morale, ciò che fa che essa abbia così poco potere sulla marcia della vita è che noi conosciamo troppo male il mondo per affermare che il nostro ordine morale è necessario alla sua buona marcia e per essere sicuri che la vita sarebbe meno ricca e meno bella se si ammettesse come permesso ciò che oggi è proibito. È, come dice il personaggio di un romanzo di Bojer, che «la vita è più ampia di tutte le leggi umane del giusto e dell'ingiusto». Nessuna formula morale racchiude questa vita inafferrabile, simile all'acqua delle sorgenti dell'Amelete che, racconta Platone, non si poteva conservare in alcuna anfora (10).

L'IMMORALISMO DI STIRNER E NIETZSCHE E LA MORALE DELL'AUTENTICITÀ

Arriviamo al secondo tipo di immoralismo rappresentato da Stirner e Nietzsche. Al contrario dei pensatori che mantengono l'attitudine precedente, Stirner accorda alla morale un ruolo enorme negli affari umani e un'influenza straordinaria sulla condotta della vita e sulla felicità e l'infelicità degli uomini. Al fine, senza dubbio, di meglio mettere gli uomini in guardia contro ciò che egli chiama l'Ossessione (*Hantise*), egli non crede di poter molto esagerare la potenza degli ideali morali. Non ironizza su un tema che gli sta molto a cuore. Stirner prende terribilmente sul serio la morale e i moralisti. Si spaventa davanti ai Fantasmi, le Personalità di Rispetto che popolano il Regno dello Spirito e difende disperatamente contro di loro l'indipendenza, l'unicità e l'istantaneità del suo io. Le espressioni combattive tornano sulle labbra di questo atleta dai nervi tesi, dai tratti duri: «il rude pugno della Morale – dice Stirner – si abbatte impietoso sulle nobili manifestazioni dell'egoismo».

Questo rude lottatore trova degli accenti di pietà fremente e indignata per lamentare le innocenti vittime della morale. Si conosce il celebre e patetico passo sulla giovane ragazza che fa così dolorosamente alla morale il sacrificio della sua passione. Stirner tratteggia, come Corneille, la lotta della passione e del dovere. Ma mentre Corneille esalta il trionfo del dovere, Stirner detesta questa vittoria; egli ingiuria il vincitore e convoca rabbiosamente l'istinto vinto a delle nuove ribellioni.

L'attitudine di Nietzsche è vicina a quella di Stirner (11). Si ritrova in Nietzsche il Fantasma (*Fantôme*) o il Phantasma (*Phantasme*) aborrito da Stirner.

«C'è gente – ci dice l'autore di *Aurora* – che non fa niente durante tutta la sua vita per il suo Ego e non agisce che per il fantasma di questo Ego che si è formato, nell'aspetto superficiale, nella testa del loro entourage e che loro hanno poi accettato già fatto dalle mani dei loro prossimi come se esso costituisse la loro vera personalità. Essi vivono dunque in un singolare mondo di Phantasmi e un'analogia riunisce tutti questi uomini sconosciuti a se stessi: è che loro credono a questa cosa fittizia ed esangue, l'uomo astratto, non avendo mai saputo opporre un vero Ego fondato da loro stessi, alla pallida immagine di sogno che li annienterebbe mostrando ciò che essi sono».

Nietzsche combatte come Stirner contro i valori prestati o imposti. «Le nostre misure di valori sono proprie o prestate, ma queste ultime restano di molto le più numerose. Perché, dunque, le accettiamo? Per timore, per timidezza nei confronti di coloro che hanno formato o, piuttosto, deformato la nostra infanzia». Egli condivide lo spavento di Stirner di fronte alla tirannide del Regno dello spirito e la «coagulazione» possibile dei suoi pensieri inquieti. «Contro le nostre convinzioni troppo dispotiche – dice – noi dobbiamo essere traditori con delizia e praticare l'infedeltà di un cuore leggero...». Dobbiamo essere a questo effetto delle «palle di neve pensanti» che aumentano senza sosta e «di volta in volta sciolte nel loro movimento sul terreno delle idee...». E quando Nietzsche crede di avere infine scosso il giogo dell'idea, si sa il lirismo infiammato del suo canto di liberazione.

Cerchiamo ora di precisare brevemente le differenze che separano i due immoralismi.

L'immoralismo del primo genere è piuttosto una tesi psicologica che una teoria etica. Questa tesi è la conclusione di una ricerca condotta da degli psicologi, degli storici, degli analisti della natura umana che hanno creduto di constatare il poco d'azione delle idee morali sulla condotta degli individui e sulla vita dei popoli. L'immoralismo così inteso è un'attitudine di puro intellettuale che si disinteresserebbe volentieri del lato etico della questione (12).

L'immoralismo del secondo genere è una teoria etica. Si potrebbe dire che è un'etica al rovescio. Questa non è più un'attitudine da puro intellettuale, ma da combattivo, da ribelle e da insorto. Quando lancia i suoi anatemi contro lo *spirito da prete*, Stirner ha lui stesso dei gesti da esorcista. Egli odia talmente lo spirito, l'idea e altre entità etiche che prova il bisogno di credere alla loro realtà al fine di poter esalare in tutta comodità contro essa il suo furore. Bayle crede così poco al potere della morale che non si sogna nemmeno di irritarsi contro di essa. L'attaccarla gli sembrerebbe sfondare una porta aperta. Stirner e Nietzsche quando attaccano la morale hanno l'aria di sollevare delle montagne, di sostenere il combattimento di Giacobbe contro l'Angelo, a volte anche di combattere come Don Chisciotte contro dei mulini a vento.

L'immoralismo del primo genere, essendo una tesi psicologica, comporta dei gradi, delle sfumature e delle riserve. Tra coloro che lo professano, ce ne sono alcuni che accordano all'educazione e alla morale un'influenza molto debole, è vero, ma non rigorosamente nulla. Misurare questa influenza è un problema di dinamica mentale che per loro non si pone.

L'immoralismo del secondo genere, essendo sopratutto una teoria etica, ha un carattere assoluto. Stirner attacca ogni educazione, ogni morale. Egli cerca di fare il vuoto assoluto nello spirito a nome dell'egoismo.

L'immoralismo del primo genere, come tesi psicologica e come attitudine intellettuale non è forzatamente antisociale. Senza dubbio questo immoralismo conduce molto naturalmente all'egotismo, ma a un egotismo speculativo, limitato alla cultura dell'io, un egotismo da pensatore per il quale la società ed egli stesso sono un oggetto di contemplazione. La morale che esprime il voto della società è, in questa ipotesi, così poco reale, così poco disturbante, essa ha così poca importanza per il foro interiore! Si può, da questo punto di vista, tutt'al più accordare alla morale – così come fa Remy de Gourmont – il valore di una moda alla quale ci si piega per non farsi notare, ma che non riguarda l'essere intimo e alla quale non si fa alcun sacrificio profondo. Del resto il pensatore immoralista si è formato un grande sdegno per il giudizio degli uomini. «Bisogna – dice Maurice Barres – opporre agli uomini una superficie liscia, lasciargli l'apparenza di se stesso, essere assente».

L'immoralismo del secondo genere è nettamente antisociale. Esso attribuisce di fatto una grande importanza alla società così come alla morale. Agli occhi di Stirner l'istituzione sociale, guardiana della morale, è odiosa soprattutto perché partecipa del carattere sacro di quest'ultima. Tutto l'apparato della polizia sociale, tutte le «personalità di rispetto», Legge, Stato, Patria, rappresentano agli occhi di Stirner una potenza formidabile, schiacciante, che appella infallibilmente alla ribellione degli Unici.

Quale delle due concezioni è l'espressione più esatta della verità psicologica, etica e sociale? Noi crediamo che la risposta debba variare con gli individui considerati.

Ci sono delle nature deboli, timorate, apatiche, senza grandi desideri, senza grandi passioni, senza bisogno d'indipendenza, senza spinta interiore. Per queste nature la concezione stirneriana è psicologicamente esatta. L'educazione e la morale hanno su di loro delle forti prese.

Ma, d'altra parte, per queste nature la concezione stirneriana è eticamente falsa; poiché esse sono senza rilievo e senza personalità, queste anime soffrono poco della disciplina imposta e, in ciò che le concerne, la rivolta stirneriana porta al falso; essa non trova eco in loro.

Ci sono altre nature, ricche e forti, capaci di passioni vive e nello stesso tempo molto dotate intellettualmente per non essere ingannate dalle menzogne sociali. Su queste nature più vigorose l'educazione e la morale non hanno che delle prese epidermiche, e in ciò che le concerne è la concezione di Bayle che esprime la verità psicologica.

Ma c'è una categoria intermedia, forse la più numerosa e la più interessante a causa del dramma psicologico della quale presenta lo spettacolo. Essa comprende le anime che hanno ad un tempo delle passioni molto forti e un sentimento molto vivo del dovere. È in queste anime che scoppia il conflitto corneilliano e stirneriano fra la passione e il dovere. Sono sopratutto queste anime sballottate e inquiete, «prese nella tela di ragno dell'ipocrisia» che Stirner lamenta come vittime della morale.

I CONDIZIONAMENTI SOCIALI ED ECONOMICI

Bisogna aggiungere che il problema etico-psicologico si complica di un fattore importante: il fattore sociale e anche economico.

La morale che, ridotta alle sue proprie forze, sarebbe molto debole, è rinforzata da un corteo di influenze sociali: forza dell'opinione, timore dei pregiudizi, dei superiori gerarchici di ogni genia dai quali si dipende, di ogni organizzazione sociale che si risolve sempre per schiacciare il debole e l'isolato al minimo screzio, al primo atto o alla prima parola che offende i pregiudizi. La morale riceve da questi ausiliari un rinforzo della quale ha molto bisogno ed è la polizia sociale, più che la morale, che assesta il «suo rude pugno» sugli indipendenti e i refrattari.

È ciò che ha ben visto Stirner. La pietà ribelle va ai deboli economicamente, a coloro che hanno bisogno della considerazione del prossimo per vivere e per mangiare, a coloro che, dipendendo, sono forzati a contare su tutti i Tartufi della morale.

Nella nostra società il denaro dà l'indipendenza

riguardo alla morale così come riguardo ad altre servitù ed è per questo che gli immoralisti faranno bene a imitare il Filippo del "Giardino di Berenice", quando questo simpatico personaggio, desideroso di coltivare il suo io in pace e in libertà, si decide di far agire delle influenze per ottenere dal Capo di Stato la concessione di un ippodromo suburbano.

Note a *Due tipi di immoralismo*

(1) Il punto debole di questa argomentazione sembra essere quello di accordare alla politica e alla religione un potere che Fourier nega alla morale. Psicologicamente, non si vede la ragione di questa differenza. È vero che per politica Fourier intende senza dubbio la polizia sociale e questa ha a sua disposizione delle influenze che per non essere né psicologiche né morali non sono meno efficaci.

(2) Fourier, *Théorie des quatre mouvements*, p. 188.

(3) La corrispondenza tra de Gobineau e de Tocqueville pubblicata recentemente nella «Revue des deux Mondes» ci fa conoscere la differenza del sentimento dei due pensatori e caratterizza molto bene l'immoralismo di Gobineau: «Sfortunatamente, abbiamo ben altri dissidi e dei più gravi. Lei mi sembra contestare anche l'utilità politica delle religioni. Qui, lei ed io, abitiamo agli antipodi. Il timore di Dio, lei dice, non impedisce affatto di assassinare. Quando così fosse, che è molto dubbio, che cosa se ne dovrebbe concludere? L'efficacia delle leggi, sia civili sia religiose, non è di impedire i grandi crimini, quelli sono d'ordinario il prodotto di istinti eccezionali e di passioni violente che passano attraverso le leggi come attraverso delle ragnatele; l'efficacia delle leggi consiste nell'agire sul comune degli uomini, nel reggere le azioni ordinarie di tutti i giorni, nel dare un giro abituale alle idee, un tono generale ai costumi. Ridotte a questo, le leggi – e

soprattutto le leggi religiose – sono così necessarie che non si è ancora visto nel mondo delle grandi società che ne abbiano potuto fare a meno. Io so che ci sono molti uomini che pensano questo un giorno accadrà e che si mettono tutte le mattine alla finestra con l'idea che forse percepiranno levarsi questo nuovo sole. Io crederei piuttosto alla venuta di una nuova religione che alla grandezza e alla prosperità crescente delle nostre società moderne senza religione» («Revue des deux Mondes», 1 giugno 1907).

(4) Remy de Gourmont, *Épilogues*, 2° série, p. 41.

(5) Barrès, *Il Giardino di Berenice*, nel finale.

(6) Maurice Maeterlinck, *L'intelligence des fleurs*, p. 155. È importante aggiungere che l'immoralismo di Maeterlinck non è che un immoralismo parziale, poiché ciò che dice del poco potere delle idee morali non si applica nel suo pensiero se non alla morale del buon senso, alla morale della ragione scientifica e non a quella che chiama la «morale della ragione mistica».

(7) André Gide, *L'Immoraliste*, p. 82.

(8) «Revue Philosophique», ottobre 1906.

(9) Ivi, p. 357.

(10) [N.d.T.: Georges Palante si riferisce al mito di Er, narrato da Platone a conclusione del X libro del suo dialogo "La Repubblica"]

(11) L'attitudine di Nietzsche è tuttavia meno netta di quella di Stirner. Nella Genealogia della morale e nella Volontà di Potenza, invece di mostrare la morale come una potenza esteriore che si impone tirannicamente alla vita, egli la vede

come la servitrice della vita, come una illusione utile che la vita stessa crea e intrattiene a suo proprio uso. È vero che, anche in questa ipotesi, la tirannia della morale sussiste. Ci può essere antagonismo tra l'utile vitale dell'individuo e l'utile vitale della società o della specie. Gli ideali morali che servono l'utile sociale opprimono l'individuo.

(12) Eccezione deve essere fatta per Fournier, che è un temperamento di riformatore.

CAMMEO

Frammento di un'autobiografia filosofica. Kant e Lachelier

La lettura de "La filosofia di Jules Lachelier" [1920] di Gabriel Séailles mi ha riportato agli anni lontani quando, studente in una Facoltà di provincia per conseguire l'abilitazione all'insegnamento nelle scuole secondarie, io facevo parte di una equipe di apprendisti filosofi animati da un giovanile fervore filosofico. Kant e Lachelier erano i nostri dei. Bisogna dire che quest'ultimo passava per fare il buono e il cattivo tempo nella commissione d'esame per l'abilitazione in filosofia. La nostra preparazione si riduceva pressapoco a una meditazione e come a una ruminazione delle lezioni inedite di Lachelier alla *École Normale*. Quando si aveva la felice fortuna di procurarsi qualcuno di quei testi venerati, se ne estraeva la sostanza, ci si ipnotizzava su qualche formula più o meno sibillina del maestro; così gli scolarchi d'Alessandria s'inchinavano al βυθός [bythos] della gnosi valentiniana. Felici tempi! Felice candore! Nel trovare queste lezioni riviste e riunite da Séailles, non posso difendermi da un ricordo commosso e un po' ironico. Queste lezioni hanno conservato per me un vivo interesse. Io sono colpito, oggi come allora, dal loro bell'ordine, dalla qualità dello stile, dal riserbo un po' altero di questo pensiero avaro di se stesso e che non sembrava mai consegnarsi se non in parte. Ma l'incanto è rotto, il prestigio svanito. Io non ho più la fede.

Séailles inizia con un quadro della *École Normale* di allora; quadro, inutile dirlo, più lusinghiero di quello che ne ha dato Abel Hermant, che anche dovette conoscere l'*École* pressapoco intorno a quell'epoca. Quell'ambiente intellettuale, ma conventuale, era proprio l'uditorio che conveniva a un tale insegnamento.

Come il suo maestro Kant, Lachelier fu un teologo. C'era armonia prestabilita fra questi due uomini. Apparivano con un'aria di rusticità robusta e furba. Entrambi furono degli spiriti sottili e contorti, ma la loro ingegnosità conserva sempre uno scopo pratico o prammatico.

Che mi si permetta di dire qui come mi figuro la genesi dell'Imperativo categorico: io la collego alle origini contadine e forestali di Kant.

Io non so se Kant sia stato un cacciatore. I suoi biografi non ne dicono nulla e non è molto verosimile. Ma io mi figuro che Kant dovesse avere nella sua ascendenza dei cacciatori e dei guardiacaccia esperti nell'arte dell'addestrare i cani da ferma. E Kant dovette avere l'idea del suo Imperativo categorico per effetto di un'oscura reminiscenza ereditaria relativa all'addestramento del cane da caccia. L'Imperativo rivolto dall'addestratore al cane da ferma è: «Non toccare quella selvaggina»; l'Imperativo categorico di Kant è: «Non toccare quella donna; non toccare quella cassaforte». Così come i suoi antenati guardiacaccia dovevano essere al servizio di qualche signorotto della Pomerania, Kant era al servizio del re di Prussia e della sua Legge morale.

Ugualmente io mi figuro Lachelier come un contadino robusto (egli ne aveva un po' l'aspetto) che si sarebbe destinato al sacerdozio, una sorta di abate Lantaigne meno ingenuo e più astuto, come lui votato alla preparazione di un clero (1). E inoltre: non avete notato anche voi che le teologie sfuggite dalle labbra eloquenti dell'abate Lantaigne, nel corso dei suoi colloqui con Bergeret, ricordano stranamente le metafisiche lachelieresche?

Sia come sia, mi sembra che in un Lachelier la sottigliezza bizantina e l'idealismo trascendentale fossero messi al servizio di un pragmatismo religioso e morale, di un conservatorismo sociale nel fondo assai autoritario. Lachelier, ispettore generale, si preoccupava dell'ortodossia idealista del suo clero laico (*clergé laïque*). Egli assegnava ai nostri sforzi uno scopo prossimo e preciso: fare ogni giorno il proprio mestiere. E assegnava forse come ultimo scopo alla morale la difesa della morale borghese e la pratica delle virtù borghesi. «La nostra condizione è il lavoro. Quando l'uomo si considera come una bestia da soma, non fa sciocchezze». Lachelier non odiava nulla più del dilettantismo morale. «Il debosciato pigro e il filosofo sono i suoi grandi signori». Io mi ricordo una sua parola a uno dei miei amici che si lamentava di una residenza lontana e uggiosa. «Non ci si diverte qui»; «Ma Signore – replica Lachelier – noi non siamo qui per divertirci». Tutto l'uomo è qui e forse anche il filosofo.

Note

(1) [N.d.T.: L'abbé Lantaigne è uno dei personaggi di un romanzo di Anatole France, *L'Orme du Mail* (1897)].

Il filisteismo e lo snobismo filosofico

Il filisteismo filosofico occupa un vasto dipartimento del filisteismo della cultura. I confini ne sono mal determinati. La stessa prodigalità con la quale i filosofi usano questo vocabolo non smette di essere sconcertante. In filosofia l'epiteto di filisteo è un *bonum vacans*. I clan avversari si lanciano reciprocamente questa ingiuria. Joseph de Maistre chiama Bacone capo fila dei filistei. Schopenhauer è inesauribile sul filisteismo di Hegel e dei professori di filosofia. James tratta da filistei gli ammiratori del razionalismo, mentre i suoi avversari gli rinviano la palla qualificando il suo pragmatismo di piatto opportunismo e di filosofia per filistei. Nietzsche ha trattato da filistei gli anti-wagneriani prima, poi i wagneriani.

Una ventina d'anni fa in un pamphlet intitolato *Il crepuscolo dei filosofi* un umorista italiano, Giovanni

Papini, si è fatto, per i suoi lettori divertiti, il cicerone di una sorta di galleria internazionale del filisteismo filosofico. Il nostro paese aveva un posto onorevole in questa esibizione. Non ci si stupirà se si pensa alle condizioni fatte in Francia alla filosofia negli ultimi centocinquant'anni. Mentre ad Atene i filosofi si reclutavano tra l'aristocrazia o la marmaglia, vale a dire nelle classi pittoresche (1), in Francia, intendo la Francia del dopo Rivoluzione, non sono usciti quasi esclusivamente se non dai ranghi della borghesia e più particolarmente della casta professorale. Conformemente a una legge sociologica passata quasi allo stato di truismo, l'avvento della classe borghese negli affari ha comportato l'avvento dello spirito borghese nella cultura. Al pensiero aristocratico che, sotto l'antico regime, aveva dato il tono alle lettere e alla filosofia francese – pensiero fatto di osservazione accorta, di fredda analisi e di lucidità un po' beffarda; pensiero di uomini di corte o di guerra, mischiati al mondo degli affari: un Montaigne, un Descartes, un La Rochefoucauld, un Montesquieu —, al pensiero ecclesiastico che una lunga pratica della teologia morale e delle discipline logiche aveva condotto a un alto grado di acume psicologico e di sottigliezza dialettica, va a succedere un pensiero nuovo, adattato alle esigenze di una società più complessa e più mobile rispetto a quella antica; pensiero ricco e potente per certi aspetti, ma tumultuoso e torbido, contemporaneamente inesperto e presuntuoso, meno preoccupato della precisione e del rigore che dell'influenza politica e mondana, contaminato d'avarizia da tutti i flutti di interessi, di passioni e di pregiudizi che trascinava con sé la classe novellamente arrivata al potere. E conformemente alla legge sociologica precitata, questo pensiero di classe si va a sua volta a suddividere in stadi: pensiero dell'alta, della media e della piccola borghesia. A quest'ultimo piano appartiene il pensiero professorale che monopolizza pressoché tutta la filosofia nel corso del XIX secolo, pensiero senza ali né bellezza, pensiero subalterno e libresco, deprivato dell'esperienza del mondo e dei grandi affari, che odora d'olio di lampada, d'atmosfera rafferma da studiolo, delle preoccupazioni di carriera, delle meschinità di un'angusta economia. E alla scala inferiore appare un pensiero popolare, operaio, proletario, semplice prolungamento del pensiero borghese, nutrito in fondo delle stesse aspirazioni e degli stessi pregiudizi che esagera ulteriormente, come è naturale. Di modo che la storia del pensiero francese del XIX secolo rappresenta una marcia regolare nel senso di uno svilimento sempre più marcato dei valori filosofici. Un nome apre questo periodo: quello di Rousseau, genio quanto mai piccolo borghese. A lui più che a chiunque altro spetta il titolo di capofila del filisteismo europeo. Sì, Rousseau, questo visionario (*rêveur*), questo nomade, questo selvaggio, questo ribelle, Rousseau al quale tanti filistei scagliano la pietra. Filisteo Rousseau lo è per la sua passione moralista, per la sua mania giudicante e ragionante; per la sua sete di considerazione, per la sua preoccupazione – in fondo molto volgare – di apologia e di giustificazione della sua stessa condotta. Rousseau non ha mai saputo elevarsi a quel sentimento nel quale si riconoscono gli *happy few*: la perfetta indifferenza verso gli apprezzamenti morali del pubblico. Data a Rousseau l'invasione della morale nella filosofia. D'altra parte data all'*Encyclopédie* l'introduzione di due idoli popolari: la Scienza e il Progresso. Infine, data al giacobinismo francese uno straordinario rafforzamento dell'idea di Stato. Primato della morale, culto della Scienza, culto del Progresso, culto dello Stato, questa tetralogia va a comporre la religione filistea del XIX secolo. La filosofia francese si mette al servizio della nuova teologia. Seguendo i movimenti di opinione, a volte conservatrice e a volte "avanzata", essa oscilla fra due poli: uno spiritualismo convenuto di origine universitaria e un homaisismo adattato ai bisogni intellettuali di una piccola borghesia vanitosa e superficiale. «Il positivismo umanitario di Comte, deformato da Littré, è divenuto il vangelo della piccola borghesia radicalizzante, dei Joseph

Prudhomme che ci governano, degli Homais, dei Bouvard e Pécuchet» (2). Si ritroverà senza troppa fatica qualcosa di questo spirito nel nostro sociologismo sorbonico, ammirazione degli elementari e sostegno teorico dello Stato radical-socialista. Un Renouvier fa figura da gran borghese della filosofia. Che cosa è la sua Scienza della Morale se non il codice etico e giuridico della borghesia francese verso gli anni 1840-1850? Renouvier ha scritto un libro su *Victor Hugo il Filosofo*. Ora, di Victor Hugo *il Filosofo* la cosa migliore è non dire niente se si vuole evitare di rieditare la definizione tanto esatta quanto irriverente di "Joseph Prudhomme a Patmos". Un Michelet, un Quinet, si fanno profeti della democrazia e lusingano il gusto della folla per le apocalissi. Un Jaurès assumerà più tardi lo stesso ruolo; Jaurès, i cui ammiratori ci perdoneranno di porre immediatamente alla destra di Victor Hugo pensatore. Al pensiero da piccola borghesia si ricollegheranno due impiegati di commercio, campioni di due filisteismi differenti: Proudhon, apologeta del matrimonio, panegirista della sposa borghese; Fourier, damerino di ritorno, preconizza al contrario il fascino dell'amore libero, ma i suoi gruppi quadrati, le sue sestine, i suoi ottetti e altre combinazioni amorose richiamano un po' troppo i Gaudissart.

Fourier e Proudhon annunciano l'avvento di un

pensiero plebeo, proletario, spinto ad ottenere a sua volta diritto di cittadinanza nella filosofia. Ma, a dire il vero, questo nuovo pensiero di classe quasi non ha dato prova di originalità. Tra esso e il pensiero borghese, nessuna discontinuità. Esso prolunga questo pensiero molto più che non ne sia la reazione antagonista. Stesso fondo ideologico; stesso armamentario verbale, ovvero i luoghi comuni egualitari e umanitari, socialisti e femministi, eredità del 1848, accomodati al gusto del giorno; luoghi comuni dei quali non si spaventa quasi più il borghese che all'occasione li inserisce anche nei suoi imbonimenti elettorali. Invano Georges Sorel – vecchio borghese francese, funzionario in pensione ma che, per caso, non ha l'anima filistea – ha fatto un tentativo sul terreno della teoria per spezzare tutti i legami tra il popolo e l'ideologia del XVIII secolo; invano ha indirizzato alla classe operaia le più veementi arringhe per condurlo a disinborghesirsi intellettualmente e a forgiarsi una filosofia autonoma, cosa che non è, del resto, esattamente facile. Il suo manifesto non ha avuto che scarsa eco nella classe operaia, anche se ha fornito a qualcuno dei suoi discepoli un'occasione per una bella e vigorosa carica a fondo contro gli intellettuali borghesi (3). Mettendo in circolazione i suoi ingegnosi paradossi l'autore delle *Riflessioni sulla violenza* ci sembra aver misconosciuto quella legge elementare della psicologia economica – sintesi delle leggi dell'imitazione, dell'emulazione e dell'invidia sociale – la quale vuole che la classe inferiore aspiri sempre a raggiungere il livello di vita della classe immediatamente superiore. E non solamente il livello della sua vita materiale, ma quello della sua cultura, della sua estetica, della sua filosofia, nella misura in cui ne possiede una. Per questo nessun appello alla violenza redentrice, nessun mito sindacalista prevarrà contro la legge di imborghesimento progressivo e di filisteizzazione dei valori intellettuali che sembrano legati alla democrazia.

Un breve sguardo all'indietro sui metodi della filosofia francese nel corso del XIX secolo ci permetterà di riconoscere l'unità del mondo borghese di pensare, attraverso le scuole e i tempi. Una delle prime e delle più autentiche manifestazioni di questo modo di pensare sembrerebbe essere l'appello al senso comune in filosofia. Preconizzato al seguito della scuola scozzese da Jouffroy e dagli eclettici, criticato da Taine e più recentemente da Albert Shinz, l'autorità del senso comune si trova oggi riabilitata dal pragmatismo. D'altronde, che cos'altro si adatta meglio alle esigenze di un pensiero di classe media se non queste verità medie che sono le verità del senso comune? E che cosa c'è di più democratico di una concezione della filosofia che autorizza chiunque a improvvisarsi filosofo "armandosi di senso comune come una volta Don Chisciotte del suo elmo di cartone?" (4).

La fede nel senso comune, leggermente trasformata, è diventata ai giorni nostri la fiducia benevolmente concessa all'intelligenza naturale dei semplici, in opposizione alla diffidenza che si testimonia all'intelligenza ragionante, nello stesso tempo in cui si registra con una soddisfazione non dissimulata ogni vantaggio riportato dalla prima sulla seconda (5).

Si segnalerà poi il favore non meno persistente della critica detta "moralista" che, sotto forme più o meno speciose, torna a confutare una dottrina per le sue conseguenze morali. Inaugurata dalla scuola eclettica, ridicolizzata da Taine nel suo libro *I filosofi classici*, questa critica è sopravvissuta agli sdegni dei rari adepti di una filosofia più libera e resta la più accessibile alla media delle intelligenze.

Questa critica ha dato luogo, da una cinquantina d'anni, a una forma larvata che merita una forma speciale. Io voglio parlare di quella critica che si potrebbe chiamare patologica e che consiste nell'applicare agli scrittori dei criteri non più etici ma clinici. Uno scrittore non è più dichiarato morale o immorale, ma normale o anormale. È come alla visita di leva. Il soggetto esaminato è riconosciuto abile o è riformato. Non si incriminano più le tendenze, le idee di un autore, ma la sua usura nervosa. Si scrutano i suoi tratti ereditari, le sue malattie, le sue abitudini di gioventù. Inaugurata da Max Nordau nel suo libro "Degenerazione", ripresa e proseguita con un punto di vista un po' differente da Ernest Seillière nel corso di un opera di un'ampiezza considerevole, questa critica conduce, o poco ci manca, a rappresentare la filosofia e la letteratura moderna come un vasto ospedale. In particolare i romantici hanno pagato un pesante tributo a questa censura psicopatologica (*psychopathique*). Genere peraltro discutibile. Critica da praticanti e medicastri direbbe Schopenhauer. Sostenuta la maggior parte delle volte da una documentazione patologica di seconda mano e non disponendo, per stabilire le sue classificazioni, che di caratteristiche vaghe e sommarie, questa critica quasi non rivela, in fondo, che i partiti presi intellettuali o etici di chi se ne fa un mezzo di polemica. Aggiungiamo agli altri difetti di questa critica la monotonia e la fatalità prevista dei giudizi. Ogni singolarità di sentimento o di pensiero rischiando di passare per una anomalia, i criteri della salute intellettuale saranno forniti da "l'uomo ordinario e ben equilibrato", dal filisteo, del quale questa critica costituisce l'apoteosi indiretta.

Un'altra forma della critica moralista, la cui invenzione risale a Brunetière, rappresenta una varietà dell'arte di accomodare i resti. È il metodo di utilizzo delle dottrine: utilizzo del positivismo, utilizzo del darwinismo, etc., in vista di un'intrapresa di apologetica religiosa e di difesa sociale. La filosofia diventa un succedaneo della "cucina borghese" o, per prendere una metafora da un altro ordine di idee, un ricettario di pillole pragmatiche per persone benpensanti.

Lo stesso gusto per le misture salutari e per le combinazioni emollienti e lenitive ha suscitato la critica chiamata da Nietzsche "critica conciliatrice" e ribattezzata da Georges Sorel con il nome di critica *concordista* (6); metodo di sintesi universale, sincretismo vago e comodo che permette di accordare tutto: la religione e il libero pensiero, la morale e la scienza, lo spirito critico e le convenienze della società. Questo metodo che parte evidentemente da un buono naturale non tende nientemeno che a riconciliare tutta la gente filosofica in un immenso *bacio di Lamourette* e a promuovere un pacifismo ideologico forse precursore del pacifismo tout court. Questo metodo è particolarmente in onore presso i nostri filosofi ufficiali, habitué dei congressi internazionali e di altre chiacchiere d'apparato. Imbevuti del principio piccolo borghese del giusto mezzo, addestrati a salvare capra e cavoli, a sposare l'acqua e il fuoco con dei gesti benedicenti, i nostri "cari maestri" fanno meraviglie in quelle riunioni in cui non si tratta solamente di essere buon filosofo, ma di dar prova di qualità d'uomo di mondo e di diplomatico.

Perché il filosofo, oggi, deve essere tutto questo e molte altre cose ancora. È una sorta di tuttofare intellettuale, un retore pronto a parlare su ogni specie di soggetto, di preferenza quelli che rientrano nelle preoccupazioni della vita comune e pubblica. La filosofia si è fatta borghese, mondana, politica. Essa si fatta anche divulgatrice, giornalistica, persino imbonitrice. Ad essa si domanda di soddisfare una clientela di brava gente che «si immagina di essere trasportata alle più alte regioni dello spirito allorquando hanno letto delle dissertazioni abbondanti sulla prosperità dei popoli, sulle questioni sociali e la diplomazia» (7). Lontano da noi il pensiero di deprezzare l'economia e le scienze che si ricollegano; ma conviene conservare la distinzione dei generi. Ora, questa nuova clientela filosofica non ha che in debole grado la preoccupazione delle frontiere che separano i domini della conoscenza. Non parlate loro dei temi tradizionali della filosofia: l'analisi introspettiva, oppure l'analisi critica delle idee direttrici della scienza o della condotta. Queste sono, per i nostri buoni borghesi e i nostri "uomini del progresso" dei problemi obsoleti, degli articoli fuori moda. La nuova scala dei valori filosofici è quella che "pone al primo rango, nel sistema intellettuale, le nozioni che interessano la maggioranza dei cittadini, nel maggior numero di circostanze, nell'eccitare in loro i desideri più vivi" (8). È, se si può dire, una concezione quantitativa della filosofia, che misura il valore di un'idea dal numero delle persone che interessa e all'intensità dei desideri collettivi ai quali essa dona soddisfazione. Istallazione nella filosofia del sentimento maggioritario e di quel sentimento comico qualificato da Schopenhauer come "orgoglio a buon mercato", in virtù del quale ognuno dà la maggior stima alle qualità, caratteri e vantaggi che egli possiede in comune con molte altre, come di essere elettore, cittadino, repubblicano; di essere un moderno, un contemporaneo, etc.

Bisogna segnalare, a dire il vero, una forma di filisteismo filosofico che sembra separarsi da questa formula. È lo snobismo, che ha imperversato in filosofia come altrove. Lo snobismo non è, dopotutto, che il filisteismo della gente di mondo. C'è questa differenza tra il filisteo e lo snob, nell'ordine d'idee che ci occupa: il filisteo si soddisfa della sicurezza di pensare in gruppo, mentre il secondo aspira a essere distinto e crede di trovarne il mezzo nel fatto di ostentare delle opinioni estreme, visionarie, paradossali, esoteriche, o che egli stima tali. In fondo egli pensa sempre in gruppo, ma in più piccolo gruppo: in clan o in cappella. Non si può fare un crimine per una filosofia di essere sposata da degli snob. La vanità e la moda sono qui i soli colpevoli. Una ventina d'anni fa il nietzschianesimo ha mobilitato delle legioni di snob dei due sessi. Oggi il favore mondano è andato al bergsonismo. Per quale ragione? Si sarebbe in difficoltà nel dirlo. Forse l'intuizionismo lusinga, negli adepti del nuovo dandismo filosofico, un certo desiderio di sembrare iniziati, di sembrare intrattenere le intelligenze con delle potenze superiori che governano il mondo e ricevere delle particolari comunicazioni dall'Aldilà; o più modestamente di sembrare consultare il loro intimo genio, il loro io profondo. Inoltre è ben portato a denigrare la plebea Ragione. Questo dà un'aria di nobiltà, un tono da gentiluomo che vi distingue subito dalla gente comune. Aristocratismo facile, in fondo parente molto prossimo de "l'orgoglio a buon mercato" del quale parla Schopenhauer.

Note a *Il filisteismo e lo snobismo filosofico*

(1) Jean Bourdeau, *Pragmatisme et modernisme*, [1909] p. 31.

(2) J. Bourdeau, *Pragmatisme et modernisme*, p. 36.

(3) Édouard Berth, *Les Méfaits des Intellectuels* [1914].

(4) Albert Schinz, *Anti-pragmatisme*, [1909] p. 249.

(5) Cfr. in *L'Energie spirituelle* [1919] di Henri-Louis Bergson un aneddoto a tutto onore di una giovane ragazza che scopre d'istinto il sofisma di un medico raziocinante a proposito della questione dei Fantômes de Vivants: «E sì, c'era un vizio di ragionamento! Era la piccola giovane ragazza che aveva ragione e il grande scienziato che aveva torto», p. 72.

(6) Georges Sorel, *Matériaux d'une théorie de prolétariat*, [1919] p. 353.

(7) Édouard Berth, *Les Méfaits des Intellectuels. Préface* di M. G. Sorel, p. XVI.

(8) G. Sorel, *Loc. Cit.*

Palante, the Individualist

di

Benjamin De Casseres

The Individual stands on the brink of annihilation. The State is the new divinity. The masses everywhere yearn to be kept. Economic pimpery and gregarious parasitism are the dominant traits of the times. Mob-masters put the shackles on the people everywhere. And the people howl for bigger and better shackles.

The Bed of Procrustes stretches from the Rhine to Tokio—due east. To the west the shadow of the Bed of Horrors is thrown over France, England and America.

The Individual withers and the miracle-mongers are more and more. These miracle-mongers have various labels for their steady descent toward the life of the ant: Fascism, Communism, Socialism, Technology,   Capitalistic-Ku-Klux-Klanism,

Totalitarianism, Aryanism. However, in the crucible of the word-concept *Automatism* they all dissolve into one another.

For the human race, in all times, is divided psychologically into two classes only: the Collectivist-Automatic being and the Individualistic-Self Reliant being. There are degrees of each, fine shadings and interlappings and overlappings ; but as a perfect living equilibrium is inconceivable, one or the other psychological characteristic will dominate every human being. It is a manifestation of the centripetal and centrifugal forces in psychic—and hence social and economic—life.

If the word progress has any meaning to me, it means this:*Whatever tends to individualism, differentiation, contrast, clash, independent life, variety is progressive.*

Whatever tends to automatism, mass-movement, likeness, peace, parasitic life, unity, is retrogressive. One is life; the other is death.

Unity, the automatic, mass-movement, likeness, peace, etc., cannot, of course, be abolished (one may as well try to abolish the centripetal forces), but they must be *subordinated* to the instinct for independent life.

Not since the Middle Ages, when the Catholic Church had dissolved all variety into unity, has there ever been such speedy motion toward universal Automatism as today. Mob-Moloch, with its Machiavellian masters, marches on relentlessly to swallow up the Individual.

Therefore, today, what we name "radicals" are reactionaries (including all Fascists and advocates of unregulated Capitalism). The "progressist," the real radical, is now, as always, the Individualist —*he who has no programme for any one else, who often has no programme even for himself— he who evolves spontaneously and expresses himself in the rhythm of his whole psyche.*

One may love his country, his race, his countrymen; but I defy you to show me any one who ever loved his government. Even those who are its beneficiaries hold it in secret or open contempt.

Now, the government is the state. It is, therefore, always the enemy of the individual. And yet this enemy must not, cannot, be abolished. For, like all enemies, it breeds, by the law of menace and opposition, a more definite, a more militant form of

Individualism.

The great Greek, Roman, Italian and Russian individualists, for instance, flourished under various degrees of tyrannies. Under Communism and Fascism, as in Sparta, the individual is completely cowed into the mass. But in that oppressed mass —or masses— giant individuals are being created —just as the ultimate ego in a man is brought out in prison.

Georges Palante, Frenchman, who died about ten years ago, was the last of the few great thinkers who have been the defenders of Individualism against the continuous and murderous aggressions of Society, Church, State, universities and the Mob. He is one of the greatest analysts of man in society —a clarifier of Emerson, Stirner, De Vigny, Leconte de Lisle, Nietzsche and Spencer.

His three books, "Combat pour l'Individu," "Les Antinomies entre l'Individu et la Sociéte" and "La Sensibilité Individualiste," might have for inscription, "Dying, we salute thee, Lucifer!" For Lucifer is the protagonist of all Individualists. He revolted against the totalitarian State called Heaven, and as he fell he became immeasurably greater, and in the Domain of the Damned, whereto are sent by

Church, State and Society all those who antagonize them, he reigns, the eternal enemy of the Collectivist, Unitarian theocracy of the sweet and brainless angels.

For all Collectivist societies are theocracies, even if they proclaim themselves atheistic, as in Russia. A Moloch —by various names— rules every such state. And there are blood-sacrifices to these ideological Molochs just as there were to Jehovah or the Aztec gods. The centuries and centuries of slaughter of millions in the name of the Lowly Nazarene will soon be taken up again under different masks: Communism, Socialism, Fascism —and even "Individualism," that pseudo-"Individualism" which is nothing but predatory greed wearing the mask of a great personal ideal (a word —Individualism— debased, ladies and gentlemen of posterity, by a Herbert Hoover, a name which in all probability has no meaning to you; but he was once President of the United States).

Palante' s style is crystal-clear, sensitive, poignant, precise, logical, literary, simple : all the virtues of the French tradition —in fewer words, *exquisite strength*. From time to time I shall quote Palante and comment on what he has to say, for this essay is a collaboration, a conversation, between this great Individualist and myself. All italic quotations not otherwise credited are from the books of Georges Palante.

"Individualism is not an object of proselytism. It has value in its own eyes only as a personal sensation of life."

The real Individualist is thus an Epicurean. He lives for experiences. He reacts to each experience differently. No Individualist seeks to make any one else an Individualist. He aims at the unique. He loves the unique in others. "He who calls himself a Whitmanite has not understood me," said Walt Whitman.

The Individualist is a disciple of his own moods, his own sensations, his own emotions and instincts. His life is an adventure in psychological vistas, in comic and dramatic situations of which he himself is always the hero.

To the Individualist life is a series of experiences, not a programme. The only discipline that he willingly assents to is self-imposed. He absorbs whatever he needs, and always stands at a distance from his environment and "the times."

As the sidereal system is said to be travelling eternally toward the sun Vega in the Constellation of Lyra, so the Individualist is always travelling toward an unknown, an unprogrammed destiny, toward a mysterious and ultimate star in the firmament of his imagination.

The Individualist is the very opposite of a "selfish being." The professional (and quite often the unprofessional) altruist, idealist, Collectivism the highly socialized busybody, attempts to impose his own private reactions on others by force or through the medium of laws; whereas the Individualist says, "Live and let live." Society, the state and the moralist are always selfish. The Individualist is the enemy of selfishness. He opposes it with *selfism* for all.

The *Sacculina*, as Professor Maynard D. Metcalf tells us in his "Organic Evolution," is a barnacle, "normally a free-swimming, shelled animal, with legs, swimming organs, nerves, stomach, etc. But it often attaches itself to a crab and draws its living from its host. Here it loses its legs, swimming organs and most of its sense organs until finally it is little more than a shapeless mass of protoplasm. Evolution is not increased efficiency or more perfect structure... It is adaptation to environment, and often if an animal degenerates it is better adapted to its environment than with a more ideal equipment."

This is one of the best unintentional allegories of the Individualist versus the State and Society that I have ever read.

Today, the masses seem to be degenerating to the Sacculina. The State tends more and more to become a tax-fat crab on which batten millions of sacculinas. In order to have the security of living on this filthy, corrupt, rich old crab, the Sacculinidae are quite content to give up all liberties and rights. As I write this, all Russians, Germans and Italians (in varying degrees) are of the Sacculinidae. The crab-state in America, England and France also waxes fatter and her parasitic guests grow apace.

But there are still a few of us who prefer to remain free-swimming marauders, retaining our organs — and our inherent right to take our food when and where we see fit.

Wherever I turn today, ladies and gentlemen of posterity, I see great schools of Sacculinas headed for the Crab. In fact, mass-pimpery has become a great economic theory.

Individuality is *character*. Personality is artificial. Character is inherent, and, I believe with Schopenhauer, unalterable.

Character is *difference*. The development of character is generally away from standardized and conventional patterns. Communism, Socialism and all authoritarian programmes aim at the destruction of character and the creation of a mass-personality. Whatever exists tends *naturally* to individualize itself. The Ideal —which is always anti-biological— tends to destroy this natural law. It substitutes *You ought* for *I will!* Unless the *Ought* is self-evolved, I smash it, and reiterate in the face of all opposition, to the extent of my power and courage, *I will!*

Palante makes a distinction between economic individualism (the doctrine of laissez-faire, laissez-passer) and psychological individualism, although he admits one may have both characteristics, like Benjamin Constant, for instance. He instances Herbert Spencer as one who was doctrinaire individualist, but who did not possess "*la sensibilite individualiste.*" For, says Palante, the individualist sensibility may express itself negatively. It is then will-to-isolation—almost misanthropic.

Spencer, being a thorough Englishman, was cosmically and socially an ethicist. He believed —in "Man Versus the State" and "Justice"— he had discovered the fine hair that divided the *eternal* rights of the state and the rights of the Individual.

There are no rights. There is only a war of mights. "Right" is the utilitarian application of Might.

But Spencer's "The Coming Slavery" (meaning Socialism) is one of the clearest-eyed prophecies ever made. Those of you (whoever you are) who stand outside of the encroaching shadow of the universal ant-village ideal of humanity should dig it up and read it.

Instances in America of a doctrinaire Individualist and a man with a highly organized individualist sensibility are Thomas Jefferson and Henry David Thoreau. Jefferson was, in my opinion, the most highly civilized being who ever appeared in our public life. Thoreau was, as a Frenchman has called him, a "civilized savage."

Combine the socialized individualism of Jefferson with the militant anti-social attitude of Thoreau and we have Walt Whitman, barbaric-socializedindividualized Ego-Demos.

What the herd always fears, worships, follows, crucifies, hopes for, turns against, cringes before, revolts against, returns to, defies and anathematizes is the Individual.

"Sociability and originality exclude one another."
Palante might have added to sociability *amiability*.

I am alone. Whether suffering or joyful, I am an individual. I am myself. Some one enters the room. I become masked immediately, automatically. I put on a borrowed air. Something of my innate self recedes to the dark depths. I become almost a stranger to myself. The same thing, no doubt, happens to the person who has come to see me. Two lies face one another. When I step out of a roomful of persons into the street, alone, I resume my self.

The *me* and *they* are always at war. The conquering *me* eats *they*; or if *they* are the conquerors, which is nearly always the case, *they* eat me.

Great poets are the supreme Individuals, for great poets are the most highly differentiated and evolved human beings on the planet. Poetic genius is the compendium and summit of the hidden inner self ;

and the inner self is always at war with the environment, and very often with its own heredities. The poet-genius is the unique opposed to the conventional and commonplace.

"It is always an advantage for the Individual that the political and social powers should be divided and engaged in a fierce competitive rivalry in order to play one against the other."

Therefore, I hold, that democratic individualism such as we have at present in America, England and France is the best form of government for the Individualist. In Chaos Lucifer is king. While the gangsters of the political parties wrangle over the spoils we go unscathed. It is only when they all agree that they turn their eyes on us. A unified society immediately begins to dust off the guillotine and pick out shooting-walls. Nearly all peoples east of the Rhine are*servant-minded*. The Americans, Englishmen and Frenchmen are*master-minded*.

"The pedagogic spirit is a new avatar of the priest-spirit."

The universities, while they seem on the surface to be hotbeds of revolution, free thought and economic heresies, are in reality always reactionary, always anti-Individualistic. All their "revolutionary" demonstrations are gregarious. They hoot and howl and threaten in mobs. The yawp of the students for "freedom" always means the privilege of advocating some Collectivist doctrine, something fundamentally Christian, equalitarian, levelling.

The new priest is the professor. He is a priest whether he is tory or "red." He teaches something. He is *ex-cathedra*. He is the salt of the earth. He is quoted today, ladies and gentlemen of posterity, as if he were the way, the truth and the life.

As a matter of fact, he is either a paid pimp of the *status quo* or a Saint Paul who has just discovered some new Collectivist Damascus-Utopia (and the value of publicity and syndicated tripe).

Did you ever know of an Anarchist who did not travel in gangs, groups, movements —just like capitalists, Socialists, Communists, Christian Scientists, Fascists and other herd-conditioned humans? The Individualist is to the Anarchist what the eagle is to the sea-gull.

Whatever is beautiful in this world is the product of an individual mind. There can be no such thing as mass-beauty, crowd-beauty. What the people like may be pretty, but never beautiful. The average man is not even moved emotionally before a sunset, the moon or dawn. He likes, above all things, Fourth of July fireworks.

Aesthetic apperception is purely an individual exfoliation. A professor of aesthetics (and there are such things in our *seats* of learning, ladies and gentlemen of posterity) is the comic pathos of Demos trying to rape the evanescent and always fleeing Helena.

Here is a piercing observation of Sainte-Beuve : "After all, great external events and what we call 'general interests' are expressed in each man and enter in him through roads which are always very private and personal. Those who speak magnificently in the name of humanity as a whole consult their own secret passions and ambitions, which they dare not confess. They secretly wish to put themselves up as leaders and to crush their adversaries. Their motive is applause and power."

Beware of those who profess a "love for humanity," who want to "lift up mankind," who have a hurry-call to "save the race." They are all sentimental butchers. Deep in the perverse vats of the subconscious lie the masks of the eternal will-to-power. The meanest soapbox Fiat Luxer in Union Square dreams of a soft job under the Proletarian Regime and the loud, literate bawlers see themselves as Robespierres, Hitlers or Stalins.

 "There is nothing new under the sun," said the greatest seer of antiquity and modernity. But there is something new hidden from all suns, something that values or devalues (according to one's temperament) all suns: the differentiated and unique soul of each human being. As Emerson said, everything conspires against this uniquity. To affirm it to the utmost and then to be resumed in the viewless Absolute constitutes the only sublimity attainable by me — and you.

Georges Palante e l'insociabile sociabilità umana

di

Louis Prat

Una lettera del filosofo Dugas mi viene ad annunciare la morte inattesa, la morte tragica di Georges Palante, nostro amico.

Misconosciuto, mal giudicato, nauseato, ulcerato dalla vita, convinto dell'inutilità di ogni sforzo, Palante lo scorso 5 agosto ha cercato nella morte il grande riposo.

Una bella intelligenza scompare, una bella anima.

Quest'uomo molto dolce, molto buono, aveva senza dubbio troppo sperato dalla vita nell'età dell'adolescenza, allorquando tesseva le sue visioni (*rêves*) d'avvenire. Più d'ogni altro ha sofferto di queste miserie meschine e irritanti che ci vengono dalle cose e dagli uomini e che bisogna imparare a sopportare se ci si vuole accomodare all'ambiente sociale.

Dopo aver a lungo lottato e coraggiosamente, Georges Palante si è trovato senza forze per resistere. Io, tuttavia, ero ben lontano dall'attendermi questa triste notizia. Le ultime lettere che avevo ricevuto dal mio amico erano piene di brio. Mi raccontava che molto presto avrebbe potuto chiedere il suo pensionamento. Per lui sarebbe cominciata una nuova vita, più indipendente, più libera; una vita divertita dalle passeggiate, attraverso i boschi, le lunghe falesie di Saint-Brieuc che conosceva bene e che amava. I giorni in cui il brutto tempo lo avesse bloccato, avrebbe letto molto, avrebbe scritto un poco. Avrebbe scritto un libro, il suo libro... Questo libro, ne sono persuaso, ci avrebbe rivelato un Palante nuovo, senza dubbio non inatteso, ma di un pessimismo meno amaro, in qualche modo pacificato.

La vecchiaia non gli è stata accogliente. È arrivata troppo in fretta con le sue infermità e le sue miserie, lasciando il mio povero amico senza forze per reagire.

Non si è dimenticata la polemica ardente che egli ha sostenuto nel 1922, nel *Mercure de France*, contro

Jules de Gaultier. Ho davanti agli occhi le due lunghe lettere che Palante mi scrisse in quel periodo; era desolato, convinto – a torto o a ragione – che si stesse cercando di destituirlo dal *Mercure*, dove scriveva da tanti anni, dove aveva reso grandi servizi. Il 4 febbraio 1923, egli indirizzava a Valette, in termini violenti, le sue dimissioni che furono accettate.

In una brochure, pubblicata nel 1923 con il titolo di "Una polemica interrotta... o il Bovarismo: un bluff filosofico", Georges Palante si applica a giustificare la propria attitudine mentale nella sua polemica contro Jules de Gaultier. Quest'attitudine non la devo valutare ma quando, in un articolo sulla morte di Palante, il *Mercure* afferma che separandosi da de Gaultier il nostro povero amico ha perso il suo mentore e si è trovato, in qualche modo, *squilibrato*, esso afferma un errore. Palante non ha mai avuto bisogno di de Gaultier per essere Palante. Egli non è, non ha mai voluto essere il discepolo di qualcuno. Occupato a mettere in rilievo le sue idee, non si preoccupava delle idee degli altri se non per giudicarle in tutta libertà di spirito.

E la filosofia di Palante – tale come essa appare in

questo libro che ci ha lasciato e che resterà: "Le Antinomie tra l'individuo e la società" (1) –, non è un'opera di letteratura ma una dottrina vissuta che esprime con asprezza, con argomenti ai quali è difficile rispondere, tutte le amarezze e tutte le tristezze della vita combattuta (*vie de guerre*). Mai alcun pensatore mi aveva messo così vigorosamente in rilievo l'insociabile sociabilità umana.

La tesi essenziale del libro si può riassumere in poche parole:

È solamente a titolo individuale che l'individuo può avere, nell'ambiente sociale, delle aspirazioni nobili ed elevate. Ma come un individuo superiore potrà elevarsi al di sopra del gregge? Egli sarà necessariamente sacrificato ai mediocri e assorbito da loro. Dacché l'uomo vuole considerarsi come un animale ragionevole, non può più essere un animale politico. D'altra parte, per quanto vigorosa sia la sua individualità, un individuo è impotente a vivere al di fuori del gregge umano. Subito cade, il suo genio cupo, nell'insondabile abisso della mediocrità sociale. La sua ultima risorsa è di chiudersi nella torre d'avorio e guardar morire i suoi pensieri... o anche conficcarsi una pallottola nella testa, davanti al grande oceano, ai piedi di una triste falesia della Bretagna, di fronte a quella dove si annegò, poco più di sessant'anni fa, quest'altro filosofo, anche lui genio misconosciuto, Jules Lequier, che Charles Renouvier chiamava suo maestro!

«Non si direbbe – mi ha scritto Dugas – che ci sono dei luoghi maledetti. Questa baia di Saint Brieuc è stata funesta a Palante come a Lequier. Essa è associata nel mio spirito a queste morti tragiche. Quando la rivedo nell'immaginazione con la sua curva di falesie nude, aride, evoco la sua tristezza e non posso impedirmi di credere che questa tristezza rientri in qualche cosa nelle idee di morte suggerite ai due poveri filosofi solitari».

Note

(1) N.d.T.: Prat evidentemente citava a memoria, svariando un po' il titolo de "Les Antinomies entre l'individu et la société" (fine 1912) e scrivendo "Les Antonomies de la Société et de l'Etat", ma i suoi riferimenti al contenuto, cioè alle tesi sostenute nel libro da Palante, sono sostanzialmente precisi.

Nota ai testi e Postfazione

I. Il testo che apre e dà il titolo a questo libro, *La mentalità del ribelle* (*La Mentalité du révolté*), fu una delle prime collaborazioni pubblicate dal filosofo e psico-sociologo francese Georges Palante (1862-1925) nel «Mercure de France» (giugno 1902), una rivista culturale indipendente all'epoca celebre – anche in Italia – e per la quale alcuni anni dopo, dal 1911 al 1923, curò le cronache di editoria filosofica; lo scritto ironico/polemico, e in parte sarcastico, venne poi incluso senza varianti nella sua raccolta di articoli e saggi *Combat pour l'Individu*, un libro che "si sarebbe potuto intitolare anche *L'individuo contro la società*" (Paris, Félix Alcan, 1904).

Due tipi di immoralismo (*Deux types d'immoralisme*) fu invece pubblicato inizialmente nella «Revue philosophique de la France et de l'étranger» – periodico fondato e diretto dal filosofo e psicologo

Théodule Ribot (1839-1916) – e successivamente incluso da Palante nella silloge *La Sensibilité individualiste* (Paris, Félix Alcan, 1909), con la quale accentuava il suo distacco dalle dottrine politiche militanti a lui maggiormente affini (socialismo, liberalismo e anarchismo).

La sezione "Cammeo" si apre con una *pagina autobiografica* semiseria in cui Palante prendeva di mira Kant e Lachelier ed è estratta da una delle sue cronache librarie scritte per il «Mercure de France» (15 marzo 1921) che aveva in gran parte dedicato, in clima di patriottismo postbellico, al "Ritorno della psicologia francese alle sue origini".

Lo scritto di Georges Palante che si è intitolato "Il filisteismo e lo snobismo filosofico" è invece una traduzione parziale del saggio *Le philistinisme*, l'ultimo in ordine cronologico che risulta essere stato da lui pubblicato («Le Monde Nouveau», 15 settembre 1923). Dopo "un fatto così enorme, così sconcertante come la guerra" (sue parole del 1918) in *Le philistinisme* Palante riprende, con un'angolazione un po' diversa e aggiornata sui dibattiti allora in corso, alcuni scritti di polemica anti-borghese che risalgono al periodo prebellico, in particolare proprio *La mentalità del ribelle* e *La sensibilità individualista*, oltre a *Lo spirito da prete laico* (1909) e ad alcune "divagazioni" in difesa del neo-romanticismo *fin de siècle* che si trovano nella seconda parte di *Pessimismo e Individualismo* (1914), complemento e approfondimento delle sue tesi su *Le Antinomie tra l'individuo e la società* (1912/1913) (1).

Cammeo nel cammeo, il testo – in lingua originale – dedicato a Palante dall'intellettuale, giornalista, poeta e saggista americano Benjamin De Casseres (1873-1945), lontano parente del filosofo Baruch Spinoza (1632-1677); ironicamente indirizzato anche a noi, *ladies and gentlemen of posterity*, il saggio è ripreso da un suo opuscolo "autoprodotto", *The Individual Against Moloch*, che pubblicò nel 1936 ed è oggi introvabile in nuove edizioni o ristampe.

II. Rimasto fuori dai circuiti della grande editoria commerciale contemporanea, generalista e accademica (2), è certamente vero che Palante continui ad essere relativamente poco letto e "très peu étudié", come ha scritto di recente un giovane studioso francese, ma è ricorrere a un ormai vecchio cliché, oggi improprio, sostenere che "resti un illustre misconosciuto nel paesaggio filosofico e sociologico", "conosciuto soprattutto attraverso il prisma letterario del personaggio di *Cripure* dovuto alla penna di Louis Guilloux" (3). Il recupero della memoria palantiana nel secondo Novecento ha seguito vie accidentate, costellate da casualità, contingenze storiche e mode culturali, secondo vicende solo parzialmente ripercorse da Yannick Pelletier nella sua prefazione a una ristampa di *Souvenir sur G. Palante* (1931) di Louis Guilloux (Editions Diabase, 2014). Tuttavia non è un caso raro e non possiamo sapere, ad esempio, come sarebbe andata se non fosse naufragata un'edizione di scritti di Palante che aveva in progetto Albert Camus (1913-1960) già nel primissimo dopoguerra, anteriormente alla pubblicazione de *L'homme révolté* (1951) in cui Georges Palante è ricordato di passaggio a margine di una nota. Per il resto, in quegli anni la conoscenza del filosofo rimase sostanziamente confinata ad alcuni gruppi di individualisti libertari anarchici, in particolare quelli animati dal francese E. Armand (1872-1962) e dal belga Hem Day (ovvero: Marcel Dieu, 1902-1969).

In Italia Georges Palante probabilmente continua

tutt'oggi ad essere noto quasi esclusivamente a chi ha una qualche conoscenza delle tradizioni culturali e dell'editoria di area radicale e anarchica, dove si possono trovare anche alcune traduzioni contemporanee di suoi scritti (ad esempio nel catalogo delle edizioni Immanenza di Napoli). Tutti i suoi libri maggiori apparvero la prima volta in traduzione italiana, pubblicati dalla Casa Editrice Sociale fondata a Milano da Giuseppe Monnanni e Leda Rafanelli, alla vigilia della dittatura fascista (1921/1923), sollecitando così solo qualche polemica fra anarchici individualisti e collettivisti, e poco più. È forse anche per questo che in un sito divulgativo relativamente affidabile come Wikipedia nella voce in lingua italiana dedicata a Palante il filosofo viene definito erroneamente come "anarco-individualista".

Si deve a una pionieristica indagine socio-psicologica transnazionale di Augustin Hamon (1862-1945) il primo tentativo di definire in modo non impressionistico una *Psychologie de l'anarchiste-socialiste* (Paris, P.-V. Stock, 1895), da lui delineata come "aggregato di caratteri psichici, quali: Spirito di ribellione, Amore per l'Io (o individualismo),

Amore per gli Altri, Amore per la Libertà, sentimento di giustizia, senso della logica, curiosità di conoscere, spirito di proselitismo", con alcune "differenze individuali dovute agli ambiti ereditari, sociali, nazionali, professionali, climaterici" (4).

Ad ogni modo, fu lo stesso Palante a scrivere un saggio, *Anarchismo e individualismo* (1907), dedicato proprio a precisare meglio – anche rispetto a *La mentalità del ribelle* – le differenze fra la sua visione filosofica, peraltro sempre più spinta verso l'ascesi, e la dottrina politica anarchica: "Noi abbiamo provato a difendere nel nostro libro*Combat pour l'Individu*, un certo individualismo che è stato qualificato da molti critici come anarchismo intellettuale. L'epiteto di anarchico non ha nulla che ci faccia paura, ma per la chiarezza delle idee noi crediamo che convenga mantenere distinte le due espressioni*anarchismo* e *individualismo*". L'equivoco non si dissolse del tutto; qualche anno dopo, in una lettera parzialmente conservata indirizzata all'amico Camille Pitollet (Hillion 31 dicembre 1912), così Palante tornava a riassumere in modo informale alcune delle principali linee di fondo del suo pensiero:

«L'esposizione delle mie idee [fatta da Léon Lozach nella "Revue des Idées"] è esatta, nel suo insieme. Tutto ciò che concerne il pessimismo sociale, il razionalismo, il rovesciamento dei valori è assolutamente esatto. Rileverei solamente alcune espressioni che non corrispondono per nulla alla mia attitudine di pensiero. Quando si dice che io non sono "solamente un rivoluzionario", ma che io sono "la rivoluzione personificata", devo dire che i termini "rivoluzionario", "rivoluzione" sono inadeguati. È "ribellione" (*révolte*) e "ribelle" (*révolté*) che si sarebbe dovuto scrivere. Ribellione è individuale o individualista. Rivoluzione è cosa collettiva, implica un ideale collettivo al quale io non aderirei. Ugualmente, quando si dice che io credo "all'illuminismo libertario", se si vuole dire che io aderisco all'ideale libertario convenzionale, è inesatto. Infine e soprattutto, io non sono anarchico. L'anarchismo implica un affinismo sociale (*affinisme social*) che è ben lontano dal mio pensiero. Io sono individualista, vale a dire: pessimista sociale; ribelle; partigiano del massimo di isolamento (morale) dell'individuo; amico appassionato di un'attitudine di diffidenza e di disprezzo all'indirizzo di tutto ciò che è sociale –

istituzioni, costumi, idee, etc. – vale a dire che io non ammetto nessuno dei credo collettivi, compreso l'anarchismo [...]".

III. "Partigiano del massimo di isolamento (morale) dell'individuo", Palante non era tuttavia un anacoreta. Oltre a collaborare ad alcune riviste, di mestiere fece per tutta la vita il professore di filosofia. *Le Antinomie tra l'individuo e la società* e *Pessimismo e individualismo* sono due libri nati inizialmente come tesi da presentare alla Sorbona di Parigi per ottenere un dottorato; depositò i titoli già nel 1907, ma per ragioni ideologiche e per l'approccio rude e per nulla diplomatico che Palante tenne con i suoi relatori (Gabriel Séailles e Célestin Bouglé) la tesi nel 1911 fu respinta in prima lettura e non ammessa alla discussione finale. Gli fu quindi sbarrata la strada per la carriera accademica, negandogli l'eventuale possibilità di concorrere per una qualche cattedra universitaria; nel 1898 era entrato stabilmente nel corpo docenti del liceo di Saint-Brieuc e lì, dunque, continuò a insegnare fino al pensionamento.

Sebbene critico verso tutte le ideologie di partito e restio alla militanza politica, a Saint-Brieuc in due occasioni – prima e dopo la Grande Guerra (1908 e 1919) – si presentò alle elezioni amministrative come candidato indipendente, aggregato a liste che, grosso modo, includevano liberali radicali, libertari, socialisti e repubblicani, non riuscendo però a ottenere un seggio. Ma sulla questione teoria/prassi rimase comunque scettico sino alla fine, come argomentò ulteriormente anche nel dopoguerra, intervenendo in un dibattito sulle possibili applicazioni politiche dell'individualismo:

«Io difficilmente concepisco un individualismo dottrinale; così come un socialismo dottrinale, del resto. Le due dottrine classiche – da una parte il vecchio economismo individualista, dall'altra il marxismo – hanno perso molto del loro credito e hanno dovuto lasciare cadere più di uno dei loro dogmi. La politica e l'economia sono delle scienze troppo poco avanzate; forse anche la materia di queste scienze è essa stessa troppo mobile per autorizzare per lungo tempo, e forse mai, un'ipotesi valida. Perlomeno si può provare a utilizzare l'individualismo come un metodo e un punto di vista per studiare le questioni.» (*Les Applications politiques de l'Individualisme*, «L'Ordre Naturel», n. 11, 17 febbraio 1921).

IV. Affetto da acromegalia, malattia rara che condizionò molto il suo stato di salute, Georges Palante morì suicida il 5 agosto 1925, poco dopo essere andato in pensione: lo scritto accorato di Louis Prat (1861-1942) che chiude questo libro, pubblicato in una rivista qualche settimana dopo la morte dell'amico, ci riporta a quell'epoca e alla scelta estrema del filosofo (5). Qui nell'ebook nella traduzione italiana si è modificato il titolo riprendendo un passaggio del testo di Prat che per indicare la conflittualità esistente fra individuo e società, cardine al quale si ancora tutta la riflessione e meditazione filosofica palantiana, richiama una suggestiva espressione escogitata proprio da Kant, "insociabile sociabilità umana", espressa nella *Quarta tesi* della sua "Idea per una storia universale in un intento cosmopolitico" (1784) (6). Sostenitore di una religione filosofica caduta nell'oblio alla sua morte, Prat è oggi un filosofo del quale si è davvero persa quasi del tutto la memoria; coetanei e amici ma giunti a orientamenti filosofici molto diversi, Palante, che faceva "profession d'être antimétaphysicien féroce" (come argomentò anche nell'*Almanacco del Coenobium* 1912), ne ha lasciato un breve profilo in cui in realtà – per analogia e contrasto – dice molto anche di se stesso e del suo ideale del *buon filosofo*:

«Prat è il discepolo e il continuatore originale di Renouvier, del quale è anche l'esecutore testamentario. Egli ha segnato il suo posto nella filosofia francese con una serie di opere la cui ultima, *Les Contes pour les Métaphisiciens*, merita di essere considerata a parte rispetto alle altre. Mi premuro di dire che io non condivido per niente le idee di Prat. Nemmeno per un istante entro nella dottrina. Io resto alla porta di questo dogma metafisico come resto alla porta del dogma teologico. Mi batto il petto dicendo: *Non sum dignus...* Ma questo non importa. Questo libro strano, enigmatico, mistico, simbolico e che nello stesso tempo evoca delle grandi figure di ieri – Renouvier, Lequier –, questo libro mi ha sedotto, mi ha risvegliato dal mio torpore antimetafisico. Questo libro si legge come un dialogo di Platone, una fantasia (*féerie*) di Shakespeare, come un dialogo di Renan. E poi, è così inattuale, cosi anacronistico; è così a controfilo di tutto il pensiero contemporaneo! Quello che mi rende Prat simpatico, è che io vedo in lui un originale, un "rivendicatore" a modo suo; un individualista che pensa tutto solo nel suo angolo e che da là proietta il suo fascio di luce sul mondo.» (7)

Fabrizio Pinna, maggio 2018/ gennaio 2020

Note

(1) Del resto il clima culturale stava cambiando già prima della guerra; ne prendeva atto pubblicamente lo stesso Palante sia in una cronaca del *Mercure de France* ("La Génération honnie", MdF 16 maggio 1913) sia nella sua breve premessa a *Pessimisme et Individualisme* (1914): «Nel rileggere, per consegnarlo al pubblico, questo studio scritto ormai qualche anno fa, non posso impedirmi di constatare che esso non è precisamente nel gusto del giorno. Questa psicologia del Pessimismo e dell'Individualismo cade un po' come una "Inattuale" in pieno rinnovamento di spiritualismo, di moralismo, di religiosità – confessionale o laica, poco importa –; in pieno favore delle filosofie che professano più o meno apertamente il primato dell'azione o della fede o, ancora, delle esigenze dell'interesse sociale. Tutto ciò non fa che dare a questo piccolo libro un sentore di "reazione" che non ha da dispiacermi. Io spero, quantomeno, che questa "reazione" non sarà troppo malvista da qualcuno dei chiari spiriti che si riallacciano alla generazione che ha appreso a vedere il mondo sotto l'ottica istituita dai suoi maestri – uno Stendhal, un Taine, un Renan, un Anatole France – e che ha avuto il merito, se ce n'è uno, di guardare le idee in faccia e di non subordinarle mai a niente.»

(2) Il saggio *Le philistinisme* frammentariamente tradotto in questo e-book è stato "riscoperto", insieme a qualche altro testo disperso, una decina d'anni fa da Stéphane Beau, il quale ha curato la raccolta di una parte degli scritti del filosofo: Georges Palante, *Chroniques complètes*. Vol. 1: *Mercure de France 1911-1923*, e Vol. 2: *Revue philosophique 1895-1913 et autres parutions*, edizione Coda, Checy (Loiret) 2006 e 2009. Si può dire che la pubblicazione delle *Chroniques* abbia chiuso un ciclo editoriale palantiano idealmente inaugurato una ventina d'anni prima, nel periodo in cui riprendeva in Francia il dibattito sull'individualismo (metodologico ed etico), da una breve antologia preparata da Yannick Pelletier, *L'individu en détresse* (Romillé, Folle Avoine, 1987; "Pourquoi rééditer Georges Palante qu'à peu près tout le monde ignore aujourd'hui?" erano le parole d'esordio della sua *Préface*...). L'iniziativa attirò l'attenzione di Alain Laurent e, sopratutto, di Michel Onfray, a quel tempo giovane studioso e *inquieto* filosofo agli esordi. Promotore del primo convegno di studi palantiani (cfr. *La Révolte individuelle : actes du colloque Georges Palante. Saint-Brieuc 9-11 novembre 1990*, Bédé, Editions Folle Avoine, 1991), oltre a una monografia (1989) e a un'antologia *militante* (1995) oggi fuori commercio, Onfray ha curato singole riedizioni dei principali libri di Georges Palante e anche l'unica raccolta complessiva delle sue *Œuvres philosophiques* (ed. Coda, 2004). Alla morte del filosofo la sua seconda moglie, illetterata e verosimilmente risentita, disperse la biblioteca privata di Palante e non conservò documenti del marito; la corrispondenza è oggi solo frammentariamente conservata in alcuni archivi, ma in gran parte è andata distrutta, cosicché il

dossier documentario più completo per ora rimane quello su *Louis Guilloux et Georges Palante. L'amitié - la fêlure*, «Cahiers Louis Guilloux» n. 2 (Bédée, Folle Avoine, 2008). La riedizione delle opere ha favorito qualche nuovo studio, soprattutto di sociologi interessati alle critiche rivolte da Palante alle teorie di Émile Durkheim (1858-1917), il quale del resto a sua volta stroncò – e fece stroncare dai suoi sodali – il breve*Compendio di sociologia*, il primo ad essere pubblicato in Francia (*Précis de sociologie*, 1901). Per il contesto storico dell'epoca, con ampi riferimenti a Palante: Albert Schatz, *L'individualisme economique et social: ses origines, son evolution, ses formes contemporaines*, Paris, Colin, 1907.

(3) Tristan Velardo, *Georges Palante. La révolte pessimiste*, *Préface* de Michel Hastings, Parigi, Éditions l'Harmattan, 2017, p. 40. *Cripure* è un personaggio di *Le Sang noir* (prima edizione, 1935); il romanzo di Guilloux è stato tradotto anche in italiano, con il titolo di *Sangue nero*, ma l'ultima ristampa (Feltrinelli 1982) è ormai fuori commercio da decenni. Senza entrare qui in dettagli bibliografici, oltre ai partecipanti al Convegno del 1990, a Michel Onfray e a Stéphane Beau, si possono comunque ricordare i principali autori contemporanei che hanno approfondito aspetti del pensiero di Palante: Yannick Pelletier, Alain Laurent, Dominique Depenne, Philippe Corcuff, Marc Joly, Christopher E. Forth, Paul Mirabile e il sociologo spagnolo Alejandro Romero Reche.

(4) Traduco da p. 287 (ma cfr. anche A. Hamon, *Socialisme et anarchisme. Études sociologiques. Definitions*, ed. Sansot 1905). Nonostante evidenti limiti di rigore rispetto ai più sofisticati

standard scientifici di oggi, i contributi di Hamon continuano a conservare valore, sebbene solo in anni recenti siano stati parzialmente rivalutati da alcuni studi di rilievo; in ultimo si può vedere Jesús F. Salgado, «Augustin Frederic Hamon: Anarquismo y Psicología Social», in *Les cahiers de psychologie politique*, numéro 28 [«Dossier : Anarchisme et pensée libertaire»], Janvier 2016 [Online, URL: http://lodel.irevues.inist.fr/cahierspsychologiepolitique/index.php?id=3239]

(5) Louis Prat, *Georges Palante*, in «La Pensée française», a. IV, n. 106, 26 ottobre 1925.

(6) Una recente traduzione dall'originale tedesco di Maria Chiara Pievatolo la si può leggere a questo URL: http://btfp.sp.unipi.it/dida/kant_7/ar01s02.xhtml#ftn.idp28832000.

(7) *Mercure de France*, 16 marzo 1913, cit. a p. 390; Palante ricordò Prat anche nell'ultima sua cronaca apparsa sul MdF, nel gennaio 1923. Per i lettori interessati a conoscere meglio il pensiero di Palante sono in preparazione alcuni e-book a lui dedicati, fra i quali i più prossimi ad essere pubblicati – in estate o autunno – sono Georges Palante, *Borghesi, snob e filistei. La sensibilità individualista fra Stirner, Schopenhauer e Nietzsche*, e *Libertari. Individualismo e anarchismo*, con testi anche di altri autori, sempre con traduzioni e cura di chi scrive queste note. Alcuni scritti di (e su) Palante si possono leggere – in prime bozze di traduzione – anche in *S-Composizioni in Rivista*: https://www.rivistascomposizioni.eu/tag/georges-palante/ . Infine, nel volume n. 11 di questa stessa collana MiniMix (Gaetano Mosca, *La classe politica*) nella sezione

"Cammeo" si può leggere *L'antinomia politica*, capitolo ripreso da *Les antinomies entre l'individu et la société* di Palante.

La Collana MiniMix

(n. 1) John Stuart Mill, *Contro il conformismo. Elogio della differenza* [ebk: ISBN 978-88-99508-12-8]

(n. 2) Georges Palante, *La mentalità del ribelle* [ebk: ISBN 978-88-99508-13-5]

(n. 3) Benito Pérez Galdós, *Romanzo e società in tempo di crisi* [ebk: ISBN 978-88-99508-14-2]

(n. 4) Miguel De Unamuno, *Civiltà e cultura. La dignità umana* [ebk: ISBN 978-88-99508-15-9]

(n. 5) Paul H.T. D'Holbach, *L'arte sublime di strisciare* [ebk: ISBN 978-88-99508-16-6]

(n. 6) Pietro Verri, *Meditazioni sulla Fortuna e sulla Felicità* [ebk: ISBN 978-88-99508-17-3]

(n. 7) Émile Durkheim, *Homo duplex. Il dualismo della natura umana* [ebk: ISBN 978-88-99508-18-0]

(n. 8) José Asunción Silva, *La protesta della Musa* [ebk: ISBN 978-88-99508-19-7]

(n. 9) César Vallejo, *Il vincitore — Paco Yunque* [ebk: ISBN 978-88-99508-20-3]

(n. 10) Felisberto Hernández, *L'avvelenata* [ebk: ISBN 978-88-99508-21-0]

(n. 11) Gaetano Mosca, *La Classe Politica* [ebk: ISBN 978-88-99508-22-7]

(n. 12) Roberto Michels, *Nuovi studi sulla Classe politica. La democrazia e la legge ferrea dell'oligarchia* [ebk: ISBN 978-88-99508-23-4]

—∞—

ABOUT THE EDITOR (and the Publisher). Fabrizio Pinna (Genoa, b. 1970). Born in Liguria (Italy), he lived abroad for most of his childhood and early youth, mainly in Africa (former Zaire, Nigeria, Ivory Coast), Middle East (Iran), Latin America (Panama) and Asia (Nepal). He graduated from Italian Liceo Scientifico "Giordano Bruno" (Albenga) and then studied philosophy and modern/contemporary literature and culture at the University of Genoa. As independent scholar, editor and translator his main areas of activity are focused on digital publishing and local journalism. Interested in social sciences, he cultivates philosophy and loves art.

—∞—

9 781650 364186